El precio del pasaje

El precio del pasaje

Rosa Rojas

Número de Control de la Biblioteca del Congreso de EE. UU.:   2015907153
ISBN: Tapa Dura   978-1-5065-0430-8
                   Tapa Blanda   978-1-5065-0432-2
                   Libro Electrónico   978-1-5065-0431-5

Para realizar pedidos de este libro, contacte con:
Palibrio
1663 Liberty Drive, Suite 200
Bloomington, IN 47403
Gratis desde EE. UU. al 877.407.5847
Gratis desde México al 01.800.288.2243
Gratis desde España al 900.866.949
Desde otro país al +1.812.671.9757
Fax: 01.812.355.1576
ventas@palibrio.com
712338

ÍNDICE

Dedicado a todos los que de cualquier manera han tenido que abandonar su tierra para proporcionarse mejor calidad de vida; unos han logrado sus objetivos, mientras que otros...

Rosa Rojas

ENTRE ELLA Y YO

Mi camarada imperceptible. Es mi guía llevándome a lugares que nunca he visitado. En los paseos escolares, mientras yo disfrutaba de la niñez, de los/as compañeros/as estudiantes y de la naturaleza, ella tomaba notas para hacerles frente a los profesores el siguiente día, cuando exigieran el consabido trabajo: "Composición: describe el paseo" Ella se adelantaba rodando el lápiz por las páginas, dejándome perpleja sobre las cosas que ese día sucedieron, mientras yo me divertía.

Me permite sentir, el frescor de la brisa en la piel; la fragancia de flores ausentes, y perfumes irreales. Me permite escuchar a distancia los murmullos juguetones del cauce de un río que retoza entre las piedras, y el sofocante y polvoriento ambiente de un desierto. Es celosa de mi reposo, por eso tejió un cerco donde no puedan penetrar energías que deshagan mi sosiego. También de mis preferencias, por eso me ayuda a concentrarme en la comunicación con lo eterno, en medio de las dificultades de la vida. Ella me trae percepciones desde el subconsciente, las que traduzco a tinta y papel. Me describe personajes en su esencia física y detalla con lujo sus emociones y travesuras, sus dolores y sus logros, mientras yo voy siguiendo cautelosa su dictado, y siento inmerecidos los aplausos, porque les pertenecen a ella.

Me detalla una piedra con su forma y diseños naturales sin pasar por alto la lombricita y la hormiguita que colecta gusanitos, aprovechando la humedad. Aún más lo más sublime: me transporta al más allá, en donde me impregno de la paz que me mantiene de pie en medio de las congojas de la vida. Conducida por ella hasta el calvario, he participado del último suspiro del maestro agonizante, donde he escuchado a viva voz sus últimas palabras. Me enseñó a regocijarme con la soledad y a sacarle provecho. Ella me conduce al interior, donde reposa el verdadero yo.

Fue mi guía en este trabajo. Caminó de la mano conmigo a través de sus páginas, puertas por las que nos introdujimos hasta donde plasma sus huellas la injusticia. Parece ausente pero comulga con la realidad. Por eso se esmeró en exaltar cada historia, apegada como hiedra al fundamento que las trae a colación.

No es mi pertenencia, ni es de nadie porque es pertenencia de todos. Vive en cada ser humano, aun algunos distorsionan su esencia.

Ella muestra el camino por donde se llega a las soluciones de los problemas, siendo respetuosa del libre albedrío, porque al final, cada uno es el arquitecto de su propia vida.

Me dictó la idea central de este libro desde el principio hasta el final. Por eso la nombro: Mi Co-autora. Gracias a mi amiga: Mi Imaginación.

PREFACIO

He aquí un acto de solidaridad con las personas que han tenido que dejar su tierra para ir por el mundo en búsqueda de supervivencia, especialmente a los que han sufrido calamidades por haberse embarcado en viajes inseguros. Sin embargo, no significa esto una manera de borrar el sueño de quienes lo quieran intentar. Tampoco ofrecer soporte a lo ilegal, e ir contra las normas establecidas para cruzar de un país a otro. Es un reconocimiento a la valentía de exponer lo más preciado que se tiene, con tal de huir del desempleo que se experimenta en los países subdesarrollados, sin reparar en el costo monetario, debiendo convertir de un momento a otro, una casa, un terreno, un negocio o cualquier otra posesión en objeto cambiable por: **"EL PRECIO DEL PASAJE"** corriendo el riesgo de pasar de mal a peor, en caso de que no se logren los objetivos propuestos.

Para entender la audacia de nuestra gente, hay que atravesar por el diario vivir de padres, cuyas familias carecen de lo indispensable; con hijos que se tienen que integrar al mundo del trabajo, siendo aún portadores de los dientes de leche, dejando pasar de largo la niñez, y en casos extremos la escuela, empezando a dar los primeros pasos con sus derechos básicos amputados, arrastrando lo que queda de ellos, debajo de las suelas de roídos zapatitos.

Saber lo que se siente al escuchar los quejidos que emanan de las mordidas con que arremete un cáncer sin medicación, o una diabetes sin insulina, cuando las recetas permanecen engavetadas por falta de recursos. O del llanto de un bebé cuando extiende las manitas para alcanzar su botella y no la encuentra.

Tener la presión de deudas que privan del sueño y anulan el entendimiento de manera tal, que impidan mirar a un pie más allá de la nariz, porque el afán de subsistir, no deja tiempo para analizar ni planificar. Ingredientes que transforman a los seres humanos en presas fáciles para creerle al primer negociante de viajes que prometa seguridad absoluta en cualquier travesía, teniendo en cuenta de que la mayoría de los que se envuelven en tales proyectos, son personas de bien que en otras circunstancias nunca atentarían contra las leyes ni de su país, ni de ningún otro, pero la bomba nuclear más potente que amenaza este mundo al momento, ha sido construida con moléculas de hambre, haciendo desaparecer la capacidad de razonamiento; hechos que se transforman en inseguridad para la sociedad en general, cuyos resultados afectarán aun a los que tienen en sus manos la solución al conflicto. Situaciones difíciles de entender para los que tienen resuelta su vida, en el aspecto económico.

Otro precedente fundamental es el instinto de emigrar que lleva por naturaleza el ser humano desde que aparece sobre la tierra, lo que le otorga el derecho, desde anhelar conocerla, hasta aspirar a residir en aquellos lugares con mejores perspectivas de vida, como ha sucedido desde la prehistoria.

*

En nuestro país dominicano, aunque algunas habían emigrado al exterior en los años cuarenta y cincuenta, el fenómeno comenzó a darse de manera ascendente, en los años sesenta, luego de la caída de la dictadura de los treinta y un años, hasta el presente, suceso que junto a otros similares en países latinoamericanos, inspiró a alguien a externar la idea de que había llegado la época del otoño de los patriarcas, y el inicio del establecimiento de la justicia social como gobernadora vitalicia de dichos países, porque ella establecería las condiciones, para no pasar por la horrible vergüenza de que, con tal de sobrevivir, sus ciudadanos tengan que abandonar el lugar donde les pertenece vivir, porque allí nacieron.

Fue este un tiempo de renacimiento en toda Latinoamérica y a nivel mundial, por los impactantes acontecimientos ocurridos, entre ellos: Encíclicas renovadas de la iglesia católica abogaban por la salvación del ser humano completo: cuerpo y alma, cosa que llenó de esperanza a mucha gente. Esperanza de lograr mejor calidad de vida, y salir del vagón del conformismo. El hombre pisaba la luna después de años de intentos. Caían dictaduras. En los Estados Unidos se daba la lucha por los derechos civiles, lo que nos ganó ente otras cosas, el horario de ocho reglamentarias de trabajo, y el derecho al pago extra de tiempo y medio, después del horario regular. En Latinoamérica, donde la libertad de expresión era limitada, o no existía por completo, la prensa comenzó a expandirse y nacían periódicos, y re-nacían los que habían sido clausurados por el enclaustramiento de la letra y la palabra; derecho valiosísimo entre otros, que nadie nos debería quitar, porque por ley natural nos pertenece. Revistas de contenido social y de sátira caricaturesca hacían bromas y comentarios puntiagudos sobre gobernantes y políticos, hecho que poco tiempo atrás hubiese sido segura sentencia de muerte, a cortísimo plazo, sin pasar frente a un juez, tanto para el que la produjera, como el que se atreviera a leerla.

Los clubes culturales y estudiantiles con nueva visión, crecían como en canteros, donde los jóvenes hicieron suyo hábito del pataleo para lograr lo que por derecho les pertenecía; Lugares donde se nutrían con canciones que incubaban en mentes creativas que estrenaban esa recién nacida libertad de expresión, cuyas letras eran bebidas energéticas que los hacían sentirse capaces de romper barreras, fuesen de hierro, acero o concreto. Las canciones de protesta. Nueva vida, cuando en los jóvenes nació el deseo de gobernar el mundo. Tiempo en que los amantes de la literatura comienzan a interesarse por las obras latinoamericanas, cuando surgen jóvenes escritores que engrandecen las letras del siglo veinte y que continúan en primera en la fila en el siglo veintiuno, manteniéndose activos muchos de ellos, al momento en que se realiza este trabajo. Seres que construyeron puentes literarios entre continentes, y de la mano con los lectores, los cruzaban. "El boom de las letras" Todas esas cosas produjeron cambios estructurales, que influyeron en la sociedad en general.

Vivíamos la adolescencia, y las pretensiones de ser un punto significativo en la sociedad, nos mantenía el pecho atiborrado de ambiciones para poner el mundo de cabeza, y hacer desparecer de plano, todo lo que tuviese que ver con la falta de respeto al ser humano, y preparar una sociedad en la que todos vivieran en igualdad de derechos y oportunidades.

La juventud asimiló esa nueva independencia en su mente y en su sistema sanguíneo de manera tal, que luego les costó derramarla, cuando de nuevo sacaron sus garras gobiernos de la misma casta, que seguían infectados por virus que se creía habían sido erradicados, quienes reestablecieron la prohibición del derecho a pensar y hacer público el deseo de vivir en una sociedad transformada en respeto a los derechos de sus ciudadanos. Muchos jóvenes en cambio, debieron abandonar el país sin derecho a retorno Todos esos hechos iban escribiendo líneas en nuestra mente que pretendían convertirse en páginas, por lo hondo que calaron en nuestra formación como persona.

El nuevo renacimiento abría las compuertas a una esperanza de mejoría para los países latinoamericanos: el rincón más pobre del occidente, los llamados "países del tercer mundo" título que también nació en la señalada época, y que luego transformó todo nuevamente en esperanzas, porque al parecer asumieron el título de por vida, gracias al estancamiento de su desarrollo, consecuencia de su particular historia; abusos de poder de sus gobernantes, la avaricia de unos cuantos, y una que otras razones no menos poderosas, que no voy a desplegar en este trabajo, porque la idea central del mismo es la emigración de esas naciones pobres hacia los países del primer mundo, hecho que ha resultado positivo para mucha gente, sin dejar de lado lo desventajoso que ha resultado para otros.

Producto de dichas emigraciones existen los logros obtenidos en los países, ya sea que les abrieran las puertas, o que ellos se metieron a la fuerza por la puerta del patio. Muchos se han convertido en dueños de negocios; han comprado o fabricado su casa en sus países de origen, o en el país al que han emigrado; las remesas enviadas a los suyos, cosa que no solo los levanta a ellos y a su familias económicamente, sino también acrecienta la economía del país de donde proceden. También encontraron oportunidades de trabajo, de estudios, beneficios de desempleo y de retiro cuando llegue el momento, en una sociedad organizada; pero quise hacer hincapié en el pergamino de la parte trasera, ya que el libro –por respeto a él mismo- se debe colocar de siempre de frente.

Puntualizo el comercio humano desencadenado de dichas migraciones, producto de la oferta y la demanda. La oferta de empleos en los países desarrollados, y la demanda del lucrativo mercado de viajes ilegales, usando como materia prima, la necesidad de la gente, y las tragedias que suceden con dicho tráfico.

En la misma secuencia se da la transculturación, razón por lo que nos hemos sentado en la acera del frente para observar la estrangulación de nuestras costumbres criollas, a causa de la tendencia a copiar de otras culturas, que tiene nuestra gente.

Gran cantidad de los que emigran de manera ilegal, tarde o temprano logran los objetivos de hacerse residentes y más tarde ciudadanos del país al que han arribado, sirviendo de señuelo a los que dejaron detrás. Pero no podemos dejar de lado los deportados; las familias divididas y han perdido la vida en el trayecto, escribiendo con la tinta de su sangre una triste historia para la posteridad.

De nuestra gente que se escurre por fronteras y mares, quedando parte de ellos en el fondo, enganchados en los colmillos de un tiburón, o abonando desiertos, dejando allí el último halito de vida, cuyos únicos acompañantes a la hora de lanzar el último suspiro son las moscas que rondan ansiosas esperando la descomposición, y en caso de ser encontrados, ser identificados por algún tatuaje, estampita o foto de algún hijo/a que llevan en los bolsillos. Otros al contrario mueren de hipotermia, o por la bala del cañón de un oficial de fronteras, algunos de ellos pertenecientes a la misma raza de los perseguidos.

Con tal tipo de cimiente, estos desiertos, fronteras, fondo de mares, algún día por la fuerza de la ley natural de causa y efecto, obtendrán la capacidad de germinar la valiosa cimiente en ellos sembrada.

De los que escondiéndose de las autoridades, se internan entre espesos matorrales, donde son atacados por serpientes venenosas y perros salvajes, y según veteranos en la materia, deben llevar pimienta en los bolsillos para ahuyentarlos, y por si fuera poco, aguantar las picaduras de insectos y arañazos que suman infecciones a sus penas.

De los que aferrándose como hiedra a las ramas de un árbol, han debido pasar una noche escondiéndose de patrulleros quienes los buscan como a agujas en un pajar, si es que la luz de una linterna no asesina de repente sus pupilas –como le sucedió a una compañera de trabajo- viviendo la doble ansiedad de que no le venga una tos, estornudo o cualquier sonido que salga del cuerpo por cualquier orificio, y la tortura de estar a la expectativa de quien llegará primero, el guía que los/las llevará a hasta el punto señalado, hasta encontrar el siguiente guía que les exigirá más dinero, o los perros caza emigrantes que los huelen a distancia.

Según me contó esta muchacha, las mujeres debieron pagar el doble, para lo que iban preparadas, porque en el mismo bolsito donde tenían el rosario, iban los preservativos. "Yo tenía las fuerza para matarlo, pero los hijos que deje lejos, sin proponérselo, me forzaron a ceder."

Tampoco me es ajeno que en dicho tráfico esté envuelto el comercio de niños/as para adopción, o para el negocio de órganos humanos para comercio, lo que hace estremecer a cualquiera que tenga en su conciencia, dos gramos de inquietud por la justicia.

De niños escapando del hambre, la violencia, y la insensibilidad de quienes deben garantizarles seguridad, en los albores de sus vidas, sean familiares, políticos, o más bien, la sociedad en general. En suma, el sufrimiento de inocentes que no merecen tener que hacer el esfuerzo de entender el porqué de tanta inseguridad en su entorno, en el tiempo en que los humanos retornaron a ser objetos de venta; repitiendo los tiempos en que se acostaban con su familia y amanecían perteneciendo a otra, que de ahí en adelante serían sus dueños absolutos, porque por ellos se pagó lo que por una ley que quien sabe quién inventó, estaba establecido lo que valía un ser humano.

Otros como racimos de uvas son desgranados en cualquier carretera, cuando a alta velocidad, dando bandazos y echando chispas, la camioneta tira cuerpos al pavimento, o se derrumba por un precipicio, cuando el coyote acelera huyendo de autoridades que los persiguen.

Situaciones que se dan desde que, por descuido o conveniencia, se perdió el libro de notas que dejó escrito el Maestro Jesús como tarea, donde ponía la justicia como prioridad, simple y único medio garantizado para que exista orden en la sociedad, lo que evitaría preocupaciones innecesarias, porque los encargados del orden en el mundo, están realizando un "esfuerzo extremo" para establecerlo, solo por no buscan la información en el mencionado libro guía, escrito con base, porque a Él también siendo un Bebé, le tocó salir huyendo de su tierra para pedir refugio en otro país, por la culpa de un gobernante represivo, debiendo atravesar un desierto con un burro como transporte, un padre anciano y una madre físicamente desvalida. Él, quien había dejado ejemplo de vida para cada situación, también lo hizo en este caso, porque a Él y su familia también les tocó ser inmigrantes refugiados, por ende, indocumentados.

El hecho de no hacer de estos escritos una protesta abierta pidiendo reformas migratorias, es porque creo más bien en la medicina preventiva para contrarrestar males, aunque siempre valen las peticiones, porque algo se logra.

Los mártires de la emigración aun han dado su vida en la pelea contra el hambre, nunca llegarán a los altares, ni se erigirá un monumento a su nombre, porque según opiniones de muchos, ellos son los únicos responsables de las tragedias que les suceden porque: ¿Para qué se meten? He escuchado en innumerables ocasiones.

PREFACIO II

Habiendo desarrollado mi vida entre dos naciones, entre dos siglos, aunque entre dignamente por la puerta ancha de la legalidad, también expongo mi historia, al ser el resultado de una migración ilegal detallada más adelante, no obstante, de todos modos hubiese escrito lo mismo, al escuchar testimonios de los que se sienten respirando aire ajeno; sintiendo el rechazo aun de su propia gente, entre ellas, el testimonio de una señora que viviendo la experiencia de ser indocumentada –anulando el título de ilegal para una persona- porque creo que nadie lo es sobre la tierra- La señora en cuestión me comentó que cuando obtuvo "los papeles" como les llaman comúnmente a los documentos migratorios, aun en las altas esferas de la política, a mi entender, palabra mal empleada, porque papeles hay para diversos usos y en distintos lugares, incluyendo el baño. La persona pasó a ser: "la señora de tal", y la actitud de muchos de sus conocidos hacia ella, volvió a ser como antes de emigrar; entonces cayó en la cuenta de que para esas personas, ella era un número, una tarjeta plástica. Pero yo –dice ella- seguí adelante, pues caí en la cuenta de que así de simples son los seres humanos.

El choque con una nueva cultura es otra de las dificultades que debe confrontar el inmigrante. Algunos, al no poder resistir la presión del cambio han dado una vuelta en U de regreso a su país. Otros con tal de involucrarse, después de asegurar un trabajo, comienzan por aprender el idioma, se unen a grupos sociales y aprovechan las oportunidades de entrenamientos para realizar cualquier oficio mejor pagado. Otros más, si no están seguros de quienes son, pierden su identidad como personas y como miembros de la sociedad de donde proceden.

Como parte de este reconocimiento, expongo aquí historias de personas que me las ofrecieron, fuese para desahogarse, o para alertar de peligros a los que lo quieran intentar; otras las escuché por más de tres décadas, en el lugar donde se pueden lograr placenteros sueños, o terribles pesadillas. He aquí además testimonios que son estampas de la vida de un inmigrante que tiene que batallar para salir adelante.

Escogí dos o tres de ellas, entre miles diferentes y similares a la vez, porque el propósito es el mismo.

EL PRECIO DEL PASAJE

Cuando el estudiante está listo, aparece el maestro. Así mismo sucede en el negocio del transporte de indocumentados. Cuando se da la oportunidad, los que tienen en su mente emigrar, y no tienen los medios legales, se lanzan por donde sea, sin medir las consecuencias, porque la necesidad impone.

Cada vez que contacta un cliente, el Yolero, ya sea en persona o por medio de buscones, les imparte las informaciones pertinentes; entre las más importantes está **El precio del pasaje;** el punto de reunión; el poco tiempo con que cuentan, para decidirse, y lo seguro de la travesía

Desprendiéndose de cualquier lugar de la isla, los aventureros, llenos de optimismo van llegando al lugar indicado, para salir juntos a la búsqueda de una poderosa señora, que como es normal en personas como ella, detesta a los cobardes, pero a los viajeros de hoy les sobra la valentía que proveen las carencias. Especialmente el grupo de hoy que viene revestido de coraje. El nombre de la señora es: *Doña Fortuna,* motivadora principal de esos viajes. Esta con autoridad les impone pruebas tan difíciles, que muchos pierden la vida tratando de alcanzarla, cosa que a ella la tiene sin cuidado. Importantes para ella, son los que llegan y los que vendrán, además no hay qué preocuparse por denuncia alguna, porque a nadie le importa un monte que ni siquiera aparece en el mapa. Los viajeros no se conocen entre sí, pero las circunstancias se encargarán de unirlos como a pichones en nido.

La casita olvidada entre breñas, es habitada por toda clase de sabandijas, entre cucarachas, panales de avispas, e hilillos de comejenes, sin excluir ratones, en lo que una vez fue residencia de humanos. Es ahí donde habitarán nuestros buscadores de futuro del momento hasta la hora de salida, donde prevalece el cundeamor, el ñame silvestre, espaguetitos de maya, telarañas, berenjenitas cimarronas, gratey o fogaraté. En lo que una fue residencia de humanos que vez emigraron hacia la ciudad capital.

Pasan las horas y al encargado del proyecto no se le ha vuelto a ver el pelo, y a cada momento se suman dos o tres clientes, pero nadie trae noticias del motivo de la tardanza, y la ansiedad comienza a manifestarse.

De repente se presenta, y los motivos que explica van desde demora en la construcción de la yola; la espera por dos o tres que andan en busca de completar el pasaje; dinero que viene de la hipoteca de la casa; del terreno; de la venta de los muebles. O tomado a rédito, a un alto % de interés.

La otra excusa es una huelga sin previo aviso y hay que aprovechar que los policías estarán ocupados; excusa que a Cintia le parece más razonable.

El deseo de algunos de retractarse, hace pulso con la presión de otros por continuar, entre ellos, don Joaquín cuya presión se llama Esperanza, y siete hijos.

"! Adiós hijos! Adiós familia. Regreso "ahorita" Pórtenseme bien con su mamá que les voy a traer muchas cosas"

Jorgito, quien desde que tiene uso de razón, ha anhelado tener una bicicleta porque los Reyes Magos siempre han pasado de largo frente a su casa, a sus siete años ve su sueño casi cumplido, por eso le es menos difícil la despedida de su padre. Y mientras tanto, a don Joaquín, le duele la mente de tanto usarla. El imán que lo hala es la condición del vecino que vivía en olla y después de hacer lo mismo, compró una finca y fabricó una casa grande. El anhelo de don Joaquín no se llama competencia ni ambición, ni envidia, sino estimulación y derecho a querer ofrecerle mejor calidad de vida a la familia.

La pretensión de doña *Fortuna* mezclada con el ansia de doña *Ambición,* -cuál de las dos más casquivanas- no es una liga recomendable, pues las dos buscan sacar la mayor ventaja de los desprotegidos. El resultado de ese comadreo causa tragedias, cuando el medio de transporte es sobrecargado, sin un ápice de prudencia.

La tardanza de la salida, y la llegada de nuevos aventureros acaban con los ligeros comestibles que habían llevado algunos para el corto trayecto, mientras que el camino al monte va formando un trillo donde las hojas de los árboles desempeñan su papel con altura, como lo hicieron en su época.

¡Esto si no lo voy a compartir! Dice Cintia colocando el rollo de papel en su cartera porque ya había compartido un cafecito que coló en una media sobre tres piedras donde encendió la lumbre con los cerillos que llevaba un fumador. En tiempos de apuros, la creatividad nace.

La duda de continuar ataca a Cintia esta mañana, al ser testigo de un hecho que la noche anterior, la dejó atemorizada:

"Andando por el monte, en una diligencia de esas que no hay quien te suplante, escucho un murmullo, dice Cintia:

"¡Si no accedes, te juro que en este viaje tú no te vas!" Y escucha algo así como un puñetazo, forcejeos, un quejido y luego silencio.

Convertida en una gacela con los ojos cerrados, desafié la oscuridad rompiendo arbustos y enredándome en bejucos. ¡Mírame los arañazos! de recordarme me engranujo.

El trillo es una boca de lobo. Canta una lechuza. Los perros, con la liviandad lánguida de las hojas secas que voy pisando, aúllan con lamentos. Los veo alargándose. Se tornan en fantasmas con ojos de tizones. Lenguas largas y babosas, y orejas de paraguas arrastraban por el suelo. ¡Créeme! Un panorama patético y tiemblo cada vez que escucho la voz de la muchacha pidiendo ayuda, la cual martillaba desde lejos mis oídos y me daba en la consciencia como badajo a la campana. Los gatos descifrando palabras aumentaban el terror de aquella fiesta de fantasmas:

¡Mamaaaaaaá! ¡Maigoooooo! Lamentándose del abuso de los humanos contra sus semejantes, y muerta de miedo no me valía espantarlos: ¡Zape! ¡Zape! Les decía.

De pronto apagan el swich del firmamento, y la luna conectada al mismo interruptor, se une a la inclemencia. Solo prevalecen los puntitos luminosos de los cocuyos deslizándose entre arbustos, y como si la luz del sol fuese un tranquilizante, ahora me siento más calmada.

¡Ahí está! Tiene moretones y arañazos los brazos. Me siento mal por no haberla defendido ni denunciado el abusador, pero si abro la boca, Viaje adiós y familia en la calle. Si lo veo lo devoro, aunque sea con los ojos.

_ Ya pasó. ¿Porque te molesta tanto?

Porque me sucedió lo mismo a los diez y seis. El único hijo que tengo es producto de una experiencia de esas. Anoche no dormí ni un segundo. Eso sí, -te lo juro- desde que me sucedió eso, no volví a ver un hombre ni siquiera a los ojos. Por eso les tengo odio a todos, porque son iguales.

Unas yaguas sirven de lecho, y rollos de bejuco de cundeamor hacen de almohadas, cuidándose de que no se les meta un insecto a los oídos.

-"! Me llegó la menstruación, y no tengo con que protegerme!"

-"Yo tampoco", "¿y ahora?"

El rasgado de una tela en medio de la oscuridad, es un grito desesperado.

"Aquí está esto, quizás pueda servirte de algo" Se escucha una voz masculina.

! Qué vergüenza!

Llevaba esa camisa de repuesto, enrollada aquí en un bolsillo.

"Gracias, que Dios te lo pague" dice la muchacha rebuscando entre los archivos de sus sentimientos y de sus cuatro años de bachillerato en filosofía y letras, las más efusivas palabras de agradecimiento que jamás se hayan expresado.

-*¡Ahí tienes! ¡Tú dijiste que todos son iguales! ¡Toma!*

Tú sabes. No hablé yo. Habló mi dolor.

La luz titilante de un faro se antepone a los claros del día, hacia allá donde apuntan las esperanzas, en el camino por donde nace el sol. La fecha de regreso queda anotada en el aire, en el agua, en la arena, en el viento. Lo que sucederá luego, está escrito en la libreta de *"Don Destino"* señor que les maneja libremente sus vidas, y los lleva como corderitos por caminos que nunca se imaginaron. Luego este señor carga con las responsabilidades, cuando se hacen malas decisiones: "Fue su destino"

Se abren paso separando arbustos y aplastando matorrales, cuyo olor a zumo aromatiza la soledad mañanera. Las hojitas del moriviví se marean; sus ropas colectan cadillos y sus pies *"Hacen camino al andar en dirección a la prosperidad, sin volver la vista atrás, porque luego se ve la senda, que nunca se ha de volver a pisar",* ya que el viaje de vuelta será exitosamente por avión, lleno de abrazos, besos, regalos, entusiasmo y vida nueva.

En otras ocasiones se deja la vida en el camino, *pero, ¡Jesúsavemaríapurísima!* se santigua Cintia, alejando las malas vibras. Entonces recuerda el abuelo que siempre le decía: *¡Mija, el que mea claro y pea fuerte, no le tiene miedo a la muerte!*

Sus huellas van marcando el camino que otros pisaran mañana, y al día siguiente, y el mes que viene, y el año entrante… en las mismas circunstancias, porque los encargados de gobernar el mundo, están muy ocupados en encuentros cumbres, guerras, campañas; leyendo discursos que no hacen juego con la realidad de los pueblos, y mientras tanto, la tierra húmeda por el rocío, huele a la esperanza vislumbrada a corto plazo.

*

Mientras todo esto sucede, el bígamo canal mantiene un eterno romance, besando dos amantes, hermanas de sangre. Entrelazadas por su geografía, su historia, su cultura, sus costumbres y su música.

Pobladas y bautizadas por Tainos: Quisquella y Borinquen.

Revestidos de un patriotismo innato, de una sabiduría carente de universidades, los nativos taladraban con sus pisadas el vientre de las montañas. Cruzaban libremente de un lado al otro, protegidos por el pasaporte legal, que le proveyó la naturaleza.

Las dos se mecen plácidamente en el mismo mar. Miembros del club de las Antillas. Atacadas por los mismos piratas, y las dos tienen marcados imborrables tatuajes: Los bateyes, el güiro, las maracas, el asopao, los tostones las parrandas navideñas y los aguinaldos. Y veneran a antepasados como Agüeibaná en Borinqué, y a Enriquillo en Quisquella, valientes que honraron las páginas de nuestras historias.

A las dos fueron abusadas por excavadores de minas, que con pesadas herramientas, quitaron la virginidad a la vagina de sus montañas.

Como buenas vecinas, se han dado la mano cuando una u otra lo ha necesitado. En épocas pasadas, los Boricuas cruzaban a Santo Domingo en búsqueda de trabajo; travesía que los dominicanos luego comenzaron a hacer en sentido contrario, cuando la piña se ha puesto agria de este lado.

Han sido cómplices de una historia compartida. En las dos resaltaba la hermosura y el color de piel de sus mujeres: "Las indias del Oeste" quienes con su belleza, deslumbraron a los colonizadores.

*

5

Un par de argollas herrumbradas, restos del esqueleto de una centenaria embarcación, que el tiempo había enterrado, atacadas por la erosión asoman a la superficie. En contraste, como si el mundo fuese un cangrejo que camina hacia atrás, en la era electrónica, una frágil lancha a ella atada, tiene la humedad de madera recién cortada, y despide olor a guasábara, y a tierra adentro, esperando paciente por el abordaje de nuestros buscadores de sueños del momento.

El capitán haciendo movimientos giratorios, aplasta la colilla todavía humeante del cigarrillo, y muestra su optimismo con el frotar de sus manos; se acomoda la gorra, y se levanta el pantalón por la correa. De esa manera se prepara para ocupar su lugar en la barcaza, como todo un trabajador que inicia su día de labores. Se le ve muy relajado, después de haber puesto en lugar seguro sus ganancias: unos miles de pesos y dólares libres de impuestos, y se santigua como todo buen cristiano.

Ya había dejado caer una boronita a un par de policías guardacostas, para que voltearan a mirar hacia otros lados.

"Si tú supieras que yo no me doy cuenta" Decía Cecilia García -la bella artista/comediante dominicana.

Se les debe ofrecer empresas seguras a los ciudadanos, por derecho, y por los impuestos que pagan. De lo contrario, hay abuso y hay culpables. Decía Don Joaquín como pensando en voz alta, pero al darse cuenta de que hablaba solo dijo: ¡Nos vamos!

Entre tanto, nuestros viajeros de hoy se desean suerte. Unos se santiguan. ¡Con Dios! Dijo el otro a la solitaria playa, lleno de optimismo, y cada uno lo expresa a su manera, porque luego vendrán a disfrutarla como debe ser. No con la mente llena de problemas. El olor a salitre para algunos nauseabundo, se aliviana con el azul cobalto de cielo y la tibia brisa que los acaricia.

Llenos de esperanza hablan sobre sus metas: La educación de sus hijos, la fábrica de una casa...todo es optimismo y comentan sobre su destino al cruzar al otro lado. Unos tienen familiares que los esperan en arenas extranjeras. Otros como Cintia, llevan el número de teléfono de una señora que le había dado una amiga la cual le dijo: *"Esa señora ayuda a los recién llegados como misión. Es una promesa que se hizo, por la experiencia similar que ella vivió años atrás, y una buena Puertorriqueña le dio la mano.*

"Ya yo le di una llamadita"

De ahí en adelante, a trabajar, a pagar deudas, a vivir el día a día, y -ante todo- a esperar el momento cumbre: El primer envío de dinero a la familia; luego a copiar acentos ajenos. A canjear palabras nativas por extranjeras, agregar costumbres extrañas a las propias, y a hablar una que otra mentira migratoria, incluso la de cambiar el nombre de pila, presionados por otra digna señora que espera ansiosa por su canonización. Ella es *doña Necesidad*.

Continuarán la ruta hacia Nueva York cuando se les proporcione porque es lo que tienen planeado, tomando prestada otra identidad. Y si no hay suerte, volver a la patria como perro abochornado: *con el rabo entre las piernas*, cargando el peso de una deuda, y una dolorosa experiencia. Muchos, como la parturienta, cuando se le pasa el dolor, el mal rato se olvida, porque la necesidad cuenta con aquel borrador gigante que borró a nuestros Tainos.

*

Haciendo chistes tratan de opacar el miedo, pero las risas se humedecen con lágrimas que resbalan impertinentes y se confunden con el chapaleo de las olas que los rocían. Entre ellos está el profesor Ramón, quien piensa que dejar su carrera educativa en el país y salir en esta aventura, es una decisión muy acertada. Consideró la idea, cuando un motoconchista le reveló la cantidad de dinero que hacía en un día. Al profesor no le pareció justo, después de haberse quemado las pestañas y de amanecer corrigiendo papeles, y ocultando su inseguridad agrega:

"No se preocupen que vamos seguros en Doble AA, agua por delante, y agua por detrás. Los títulos académicos están muy ocultos porque la barcaza está ocupada por una sola clase social: compatriotas en busca de mejor calidad de vida.

Setenta viajeros van acomodándose como pueden en el estrecho espacio, como cerditos acabados de nacer, unos encima de otros.

Matorrales, palmeras, cielo, agua y arena, son testigos que escriben con tinta de ironía, las vicisitudes que vive la gente de los tiempos cibernéticos, globalizados, de comunicación instantánea y de libre comercio de humanos.

Allá en los cogollitos, los pichones se acurrucan escondiendo sus caritas debajo de sus alitas para no presenciar aquella despedida, pues las experiencias los tienen traumatizados, y hoy precisamente sin saber por qué, tienen mal presagio.

El motor es un león que ruge cuando el conductor se apresta a zarpar. Se santiguan unos. Se despliega el salmo 23. Se desenredan rosarios. San Rafael es invocado. Pañuelos enjugan lágrimas; un sollozo se escapa. La partida duele. Los mocos cuelgan; el tronar de narices son tambores de entierro. Los mas optimistas ríen, oran y aplauden. Los senos de una mujer son misiles a punto de explotar porque en ese instante, su criatura reclama su alimento, y el dolor es un afilado cuchillo que rebana el corazón de la madre. Se los dije, doña Fortuna requiere de gente con coraje y aquí los tienen.

Una viajera toca su resguardo. La otra lleva una pieza interior al revés, porque está a punto de tocar la cima de sus sueños. Nadie le hará daño, ni nada malo sucederá.

La otra destapa una botellita cuyo olor al quitársele el tapón de corcho, se esparce por la miniatura de embarcación. Perfumadas flores: ruda, claveles de muertos, artemisa, albahaca, rompesaraguey… La protección es solo para ella. Para eso pagó sus cien toletes, y mientras se toca el cuello y los brazos con el agua sagrada, exclama: *"Es mejor oler a unto, que a difunto"*

Con la ristra de dientes de oro renegrido por los estragos la antigüedad, e incrustados como tornillos en sus encías, un señor levantando el pecho, expresa: " Po' yo no creo en toa cosa'. Yo na'má creo enei peso que dentra a mi boisillo, 'por eso me voy pa' donde hay, pa' juntar papeletas. Enfatizando la palabra "papeletas" como si fuera sinónimo de gloria eterna.

*De pronto a*caloradas discusiones se suscitan, empeñados en hacer valer cada uno su creencia. Pareciera que la regla del juego es: *"El del tono de voz más alto, tiene la verdad"*

"Pues yo nada más creo en Dios" "por eso me traje mi Biblia, para que su palabra me acompañe en el camino"

-"Entonces le toca el turno a Cintia: "Como Dios dice ayúdate que yo te ayudaré, busqué mi defensa, por eso fui a prepararme donde

Fefa, allá en Salcedo" Es cuando el maestro Ramón agrega: *"En el mundo en que vivimos, nada es verdad ni es mentira, las cosas son del color, del cristal con que se miran"*

-"Dejen su filosofía, y agárrense bien, mejor será" Se escuchó de una persona con mente realista.

La lancha se aleja igual que la isla, en sentidos diferentes, creando un inmenso espacio vacío, mientras las dos van reduciendo su tamaño en la distancia. Ojos quedaron pegados en cocoteros, montañas, cielo, y playa, hasta que la lancha se perdió por completo en el horizonte.

"No nos tocó un buen día" dice incomodo el Yolero, porque la brisa ataca fuertemente. Pero los eufóricos pasajeros no reparan en el comentario del que prácticamente tiene en sus manos sus vidas, mientras tanto, la yodada brisa impregna los pulmones de aire saludable. Los rayos de oro, proyectan luz en la gran finca de cristal, "la mar" tan elogiada por poetas y románticos, cuando enamorados le tiran piropos, y le escriben poemas.

Allá en lontananza, el horizonte indiferente hace el amor con el firmamento, y mientras tanto, murmuran sobre el valor que tienen los humanos, de continuar escribiendo la historia, con la tinta de su propia vida.

La nube gris bordeada en oro, se va tornando en una llamarada de fuego cuando es retratada por los rayos que van subiendo, y convirtiendo nuestros viajeros en granos de café tostándose al sol.

Un abejón que sondea el cielo, es un taladro rompiendo la dura superficie de una calle igual como le hace a los tímpanos.

¡Nos están siguiendo! De pronto la yola es cubierta con el azul de una lona que llevan preparada.

Hay mariposas revoloteando allí donde el cafecito causó agruras, y el espacio se va tomando en un foco de fétidos olores fétidos, activados por la inseguridad y el nerviosismo: vómitos, sudores de axilas, entrepiernas, y todo lo que se tenga que ver con el ataque al olfato, por el descuido de tres días sin agua, en el monte. Los cabellos bailotean igual que las gaviotas, y las vejigas amenazan con reventar. Algunos porque ya no pueden más se deciden y allí mismo abren su compuerta de represa sobrecargada. El calientito se siente en la propia ropa y en la ajena y el responsable se mantiene indiferente, pues a cada no le tocará su turno, y ni que decir de la descompostura estomacal que también abre paso sin pedir permiso y el mal olor pelea con el viento que cooperador, trata de disiparlo; mientras el sonrojo se convierte en vergüenza compartida. Aunque siempre habrá alguien que proteste y se niegue a ajustarse a lo que no tiene arreglo, porque piensa que no le va a pasar.

Como sorpresa de cumpleaños, aparece un salami y una caja de galletas y después de tomar su parte, el dueño lo extiende. ¡Pásenlo para acá! Reclama el hambre, y repartido a pellizcos, queda buena parte entre las uñas.

El sol quema sin piedad y la promesa de una agradable experiencia se va desvaneciendo. La yola se ladea tanto que de vez en cuando el borde toca el agua y promueve pulsaciones rápidas de corazones, activado por la seguridad.

El termómetro que marca inestabilidad es la actitud de miedo del conductor que cada momento que pasa, parece más preocupado. "Si tú que estas en esto todos los días tienes miedo…

-"! Este no es el panorama que tú nos pintaste muchacho!"

-"Ve a ver que tú vas a hacer, porque esto se está ladeando y haciendo agua"

- "Será un viaje corto, cómodo y placentero con destino asegurado"

Es cuando se dan cuenta de que el motor no está funcionando y que un aparato tan frágil, con tal cantidad de personas, puede tomar ruta hacia la eternidad en vez continuar hacia la prosperidad económica, como estaba planeado.

Un pote plástico recortado, es usado para desaguar la lancha, porque el peligro es tan palpable que unos cuantos piden a gritos el retorno, pues la brisa era favorable para devolverse, pero la mayoría se opuso, así es que las protestas se acabaron, sin vislumbrarse solución alguna, mientras el agua sigue subiendo.

"Yo quisiera tener aquí a José Domingo que me metió en esto, para estrangularlo con estas dos manos que Dios me dio", dice Cintia arrepentida, quien hablando con los puños tan apretados por la rabia, igual que los labios, imaginando que le aprieta tan fuerte el cuello a José Domingo, que un hilo de sangre rueda entre sus dedos.

Luego viene un momento de calma, entonces se recuesta separando un poco un par de piernas ajenas y comienza a revivir cada paso hasta el momento en que José Domingo le habló del proyecto.

YO NO ESTABA EN ESTO

Debajo de la mata de cerezo se encuentra el templo sagrado de donde salía el sustento de la familia de Cintia: Su lavadero. Un baño de zinc, una cubeta y sus dos manos forman el equipo de trabajo.

Florecidos tarros, y organizadas piedras cargadas al hombro en una lata, recogidas de todo lo largo del callejón, bordean el sagrado lugar. El ordinario banco de rústica madera donde descansa el baño de lavar, conforma el venerado altar.

"Gánese el pan con el sudor de su frente: -Mandato Divino- no con el sudor del que vive en el frente.

El paisaje esta preñado de belleza porque el cerezo es un árbol de navidad de jugosos colores rojo y verde; el amarillo de las hojitas maduras, y las pintas blancas de las caquitas que desde el aire dejan caer los pajaritos, sellando el toque final del pintoresco paisaje.

El coro lo compone la sinfónica de los pajaritos; el punzante chillido de una chicharra; el cacareo de una escandalosa gallina, que después de poner un huevo, sale a anunciarlo a toda la vecindad, como si ella hubiese sido la primera y la única en privilegiada en ejecutar el acto milagroso, hasta que la abuela desde la terraza le vocea: ¡Siooooo! Apagando inmisericordemente tanta euforia.

Los instrumentos musicales los aportan las hojas de las matas de plátano con su inquieto toqueteo cuando azotadas por el viento, se manotean retozando, en el conuco colindante.

Todo aquel engranaje de colores y sonidos entretienen a Cintia para que no se duerma encima de la ropa enjabonada, porque la turbulencia de problemas la privan del sueño por las noches. Regularmente se le ve pensativa. Decidió criar sola su hijo, por la experiencia narrada por ella anteriormente allá en el monte; Le da lo mejor que puede con el anhelo de proporcionarle la carrera educativa que tiene marcada en sus proyectos. Sabe que hay una salida para su situación de pobreza, pero no la vislumbra por ningún aparte. A esta preocupación se le suma el cuidado de su madre, condenada por años a una silla de ruedas, por la artritis que ha atrofiado sus extremidades.

José Domingo el vecino, es un muchacho recién graduado de la WASD, que no ha encontrado trabajo en su rama, por lo que está chiripeando, que es lo mismo que decir en el argot popular dominicano: "Hacer lo que aparezca" En este momento trabaja para un señor que le llaman Capitán, Coyote, Pollero...dependiendo del país en el que ejecute su profesión, reclutando personas para llenar una yola, que según éste, saldría en tres días, pero hoy no ha encontrado un alma para completar el número. A la lancha le queda espacio para cuatro personas, unas encima de otras, pero este informe, por ética profesional, no está incluido en el discurso motivacional.

Caminando hacia el patio trasero de su casa, José Domingo se dirige hacia la mata de naranjas, para saciar el hambre de media mañana y de pronto se fija en Cintia que tiende ropa en la cerca de alambres de púas que separa los solares. Se dirige hacia ella separando los alambres con ambas manos. Es la viva figura de un sorbete; por lo tanto se agacha, sume el estómago, para la respiración y zas!

Arrastra una silla del alero del zaguán hasta el lavadero y sentado a horcajadas, abraza el espaldar junto a su estómago, como mismo tiene sujeta su meta con respecto a Cintia.

-¡Buenos días Cintia!

¡Buenos días José Domingo!

¡Toma! Dice él, extendiéndole una tapa de naranja.

¡Gracias! ¿¡Qué raro tú por aquí!? ¿Es que no estás trabajando todavía, porque ha pasado mucho tiempo desde tu graduación? Dice Cintia a intervalos, mientras chupa el jugo de la rica naranja.

Sin darse cuenta, Cintia le presenta un escalón a José Domingo para ponga el primer pie.

Bueno, tengo uno temporario y precisamente de trabajo quiero hablarte. Veo tus arduos afanes con pocos beneficios. Creo que deberías buscar algo en lo que te esfuerces menos.

Yo quisiera José Domingo pero imagínate, yo apenas sé de letra, y así quien va pa' ningún lao'. Como tú, sabrás, mi papá nunca se ocupó de mí, ni siquiera para ponerme en la escuela. Para mí es difícil encontrar algo que no sea mi lavado y mi planchado porque aquí puedo cuidar a mamá y a Eduardito, mientras me gano mis chelitos.

-Mira Cintia, existe la manera de que tú puedas cambiar tu estilo de vida y ganar más dinero. Yo te puedo ayudar.

Cintia, intrigada, pregunta de nuevo:

¿Verdad José Domingo? ¿Cómo es eso?, porque date cuenta de que yo en cosas turbias no me meto, porque tengo un hijo al que nunca le daría mal ejemplo.

José Domingo aprovecha para darle una charla a Cintia repitiendo con seguridad el rosario de frases y oraciones que se aprendió como papagayo, mismo que usa para cada presunto candidato a los viajes. José Domingo continúa:

Tú sabes que estamos en otro siglo. La situación económica ha forzado a la humanidad a ver lo ilegal como legal. Las mentiras son legalizadas, con tal comer y sobrevivir. Hay que espabilarse. Algunos hasta se han atrevido a decir que hace tiempo que Dios cambio su libreto por las mismas circunstancias; y de vez en cuando hasta se pone de espaldas para dejarles libres el paso; termina José Domingo.

-Déjate de eso José Domingo. Decir mentiras siempre estará prohibido y tendrá sus consecuencias.

De todos modos él muchacho la informa del proceso del viaje que se aproxima, y del futuro promisorio que representa para ella. Creyendo en lo que dice, da todo de él, seguro de que la está ayudando pues la conoce desde pequeña, y no tiene intención de hacerle daño alguno; además no ha fallado en los tres viajes que lleva promoviendo.

-Yo te aviso José Domingo; necesito tiempo para pensarlo, porque tengo que ver primero cómo voy a conseguir el dinero. Y por otro lado, tengo que saber cómo voy a dejar a mamá y a Eduardito.

Mira Cintia- dice José Domingo, quien no está dispuesto a salir de ahí sin lograr su objetivo, por eso aprovecha cualquier rendija para meterse, porque no hay tiempo que perder: *Tú tienes esta casa y este terreno, eso significa que tienes de donde sacar dinero cuando te decidas, y en caso de que lo hagas déjame saber. Tengo un amigo abogado. Tú no vas a perder tu casa pues en cuanto comiences a trabajar, vas a tener con que pagar la hipoteca. En este vecindario hay mucha gente que ha hecho lo mismo y ya tú ves cómo han cambiado su modo de vida.* Termina José Domingo, no sin antes mencionarle una cuantas personas del pueblecito como ejemplo, mismas que sin darse cuenta, los motivadores de viajes les habían gastado los nombres y sus historias, de tanto usarlos como ejemplo, por las mismas circunstancias.

Las horas que siguen a esta conversación, le van quitando a Cintia el apetito y agudizando el insomnio. El lavado y planchado de repente queda a un lado. Ahora busca aprobación entre personas que han viajado de la misma manera, para decidirse.

A la pesadumbre por la separación de la familia, a Cintia se le suma la duda de hacer negocio con lo único material que posee, el terreno y la casa, heredados de su madre en vida de ésta. No obstante, algo dentro de sí la empuja, y casi sin darse cuenta, en tres días Cintia organizado todo, porque algo fuera de ella, casi sin su consentimiento, la iba empujando, ya que José Domingo sólo se encargó de sembrar la semillita de la intriga. La familia quedará a cargo de Carmen, hermana de padre que vive en el vecindario, y en la que ella confía plenamente. Para ella una hermana entera, no media hermana como les llaman, por la estrecha relación que han mantenido. Sin embargo, aquel viaje, a ella misma le parece una idea descabellada, pero como a todos, la conforta pensar en el momento en que haga el primer envío de dinero.

SUEÑO-LETARGO-O NEUROSIS

Allá en la lancha, encorvada como un feto, Cintia desliza una mano por debajo de su ajustador para asegurar la bolsita plástica que contiene unos dolaritos para la primera emergencia, y un papelito con el número de teléfono en el vecindario de Carmen, a quien le dejo encargada su familia.

De pronto se escapa de la penosa realidad, y lo que sigue es la realización de los deseos que están alojados en su subconsciente.

De momento se ve en un rincón del jardín de la casa de su hermana, siendo espectadora de una escena que la sumerge en un pozo de felicidad más grande que el mar en que navega.

Es tempranito en la mañana, cuando Carmen limpia el patio frontal de su casa mientras Eduardito recoge la basura, y la va colocando en un cubo, cuando el ruido de un motor los pone en alerta. Un muchacho espigado, que con su casco protector es un lápiz con borrador gigante, detiene el vehículo de dos ruedas a la orilla de la carretera, y sujetando un maletín de cuero debajo del brazo, se dirige hacia ellos con paso firme:

¡Buenos días! ¿Es usted la señora Carmen Gómez?

¡Si soy yo, para servirle!

¡Tengo algo para usted!

¡Pase por favor!

¿Me permite su cedula?

¡Me sé el número de memoria! Dice, y ahí mismo se lo rastrilla:

De todos modos la necesito para verificar.

Carmen se dirige al interior de la casa, y cuando regresa, el mensajero, confirma el destinatario, mira la foto y la mira al rostro. Anota el número, cuenta el dinero y le dice: Adjunto hay un mensaje de la señora Cintia. Tenga, son doscientos dólares; cuéntelos. Si está conforme, firme aquí por favor.

El mensaje dice así: "Te llamo a la noche como a las siete" "Vayan a la Banca de Ramón"

7:00 pm.

El teléfono timbra y Ramón les dice: "Es para ustedes" extendiéndoles el auricular.

¡Alo! ¡Hola Carmen! ¡Cómo están ustedes! ¡Y mamá como sigue! ¡Y Eduardito; ¿cómo se está portando mi hijo?! Exclama Cintia entusiasmada.

Conseguí trabajo después de un mes enterito buscándolo. Estoy cuidando una anciana donde la familia me ha tomado mucho aprecio. Tanto que me prometieron ayudarme a conseguir los papeles. *Ya cobré mi primer sueldo. De esos doscientos dólares, cuarenta son para comenzar a pagar la hipoteca para que no nos quedemos en la calle; cinco para los cigarros de mamá. Paga lo que se debe en la pulpería; veinte son para ti y el resto para la comida. De ahí sácale a Eduardo para su recreo. Sé que se va a quedar debiendo, pero dile a Colá que se le pagará pronto y que muchas gracias por la paciencia. Que me le dé a Eduardito lo que él quiera.*

¡Los quiero! Que Dios te bendiga mi hijo. Pronto le mando más, y los llamo. ¡Cuídense!

*

Cintia, limpiándose la baba con el antebrazo comienza a regresar a la realidad, todavía disfrutando de la felicidad pasajera, porque una falsa realidad la conectó con su familia; de repente se siente como en un barquito de papel con el que juega un niño en una tina de agua porque inesperadamente una ola batió tan fuerte la yola, que la lancha por poco se voltea.

Gritos, pánico, desespero, recriminaciones, oraciones, amenazas y hasta maldiciones... Entre tanto, el conductor, consciente del peligro, espanta la mula, dejando esta pobre gente a la deriva. El maestro Ramón creyéndose el Chapulín Colorado, hace lo mismo y dando un salto al agua dice: *"Sígame el que pueda"*

Acto seguido dos o tres los imitan, y según cuenta luego un sobreviviente, seguido se alcanza ver un borbotón de sangre que sube a la superficie. Momentos después, ven unos tiburones que se acercan y uno de los hombres, pensando que él es uno de los que se salvará, tira al agua a una muchacha, pues piensa que los gigantes se acercan a la yola atraídos por el olor a sangre trasnochada. Ella es la misma por la que un hombre, dos noches atrás había donado su camisa allá en la casita, nuevamente abandonada.

Con el motor apagado, la lancha es la Bíblica Arca de Noé, navegando sin rumbo. La deshidratación se encarga de abrirle las puestas a la muerte, que exhibe como trofeo, sus hachudos dientes y su irónica sonrisa. Todo es cielo, viento y agua. Uno por uno va dejando el mundo de pesares en el que había medio vivido, quedando respirando como una docena de ellos.

Un par de senos revientan y la temperatura sube. La desventurada tiene corrimiento y gime; divaga; balbucea el nombre de su bebé.

Se acrecienta el espacio vacío; ya no se empujan, no hay protestas ni nadie molesta a nadie. El silencio es pesaroso; tan espeso, que se puede cortar con cuchillo. Mezcla de resignación e indignación. No obstante, nada es suficiente para que desaparezca la maldad, que no se detuvo ni en el huerto de los olivos, ni al pie de la cruz. Los senos hinchados de la moribunda, tientan los estómagos sedientos, y el líquido sagrado de nuevo proporciona vida. La acción es repetida por uno, dos, tres... y esta moribunda mujer continúa con su misión de dar vida hasta en la hora de la muerte.

No se respira. No hay protestas. No se planifica; ni siquiera se piensa. Sólo se navega sobre sueños abortados y esperanzas perdidas. Ya no hay nada por qué luchar, sólo hay paz. Una gran paz. La paz de la muerte, del descanso eterno. Libre ya de preocupaciones. Todas las deudas están saldadas. Las casas hipotecadas se perderán. Los por cientos de los réditos pegarán un frenazo. Las olas del mar chapucearán el gemido triste de la muerte. El mundo morirá por una esquinita, como muere cada día asesinado a manos de la muy popular y protegida señora llamada: *"**Doña Injusticia**"*

*

En la ciudad, un día de afanes inicia. De espera por la ansiosa llamada que se desarrollaría más o menos así: "? Cómo llegaron?" ¿A qué hora? ¿Contactaste la señora?...En cambio, las últimas noticias en los medios de comunicación, cambiarán esas expectativas de manera dolorosa.

Una lancha ha naufragado en alta mar. Hay personas desaparecidas; Se encontraron algunos cadáveres...y la consabida llamada a familiares para el difícil proceso de identificación.

Más difícil que revivir los muertos es encontrar los culpables de la tragedia. No los encontrarán, porque la lista es larga. Después de todo, el Yolero quizás resulte ser el menos culpable de todos.

Ardua búsqueda de sobrevivientes.

"Están por aquí" "Se vio un bulto por allá..." "Alguien llamó desde Puerto Rico" "Llegaron allá" Es mentira. La Guardia Costera está muy ocupada.

"No hay mal que por bien no venga" porque hay trabajo para los medios, canillitas, jueces, policías. El que vende ataúdes tiene buen día. Ajetreo en la emergencia del hospital, y hasta en la morgue.

Entre policías, camarógrafos y mirones, llora un huérfano. Se llama Eduardito, niño que tiene en sus ojos la marca del dolor. De desolación. De desesperanza. ¿Por qué le permiten estar en el lugar de la escena? El no entiende nada. La abuela espera en su silla. La tía Carmen tendrá un compromiso mayor. Se esfumó la madre, la felicidad, la esperanza, la casita, el lavadero, los sueños... José Domingo observa desde cierta distancia. Lo mata la conciencia y quisiera morir ahí mismo. Pelea con alguien ausente. Quisiera caerle a puñetazos al desempleo reinante. Él se había graduado recientemente con honores y había distribuido sus currículos a miles de empresas, para solo alcanzar a llenar una yola de gente igual que él; que muere en búsqueda de sobrevivir.

En una radioemisora capitalina, el último hit de Juan Luís Guerra, hamaquea una bachata que de repente se ve interrumpida por el sonido típico de emergencia.

"El grupo de dominicanos que intentaba entrar de manera ilegal a Puerto Rico, naufragó en alta mar, a unas cuantas millas del paraje Baoba del Piñar, antes de alcanzar el Desecheo. El grupo se componía de setenta personas, de las cuales hay doce sobrevivientes; diez murieron deshidratados en la lancha. Algunos cuerpos fueron rescatados sin vida, y los demás están desaparecidos.

EL NACIONAL

La voz de todos

El grupo de viajeros ilegales que intentaba llegar a Puerto Rico, lo componía...la señora Cintia Gómez, el profesor Ramón Liranzo, don Joaquín Contreras, el señor...la señora...el jovencito...

Nuestros viajeros acusados de ilegales por su misma gente, en aguas dominicanas ¡No por Dios! Bien documentados, con su ciudadanía dominicana, así mismo entregaron su vida.

OLEADAS DE DOLOR

Optimismo
Esperanza
Visión de futuro
Se confunden en la
Frágil mariposa
De sueños con alas que se hacen a la mar
Donde se conjugan adioses
La madre. Cimentada en oro con techo de miseria,
Se achica y retrocede ante la mirada del vacío.
Parten sus hijos.
Sus ciudadanos
La herimos y ella, sufre. Porque no puede.
No les puede proveer, y ¡Se van! Con el agua,
con el viento, y la inseguridad amenaza.
El bote del tamaño del corazón que empuja.
¿Y el océano? ¡Enorme!
Como la ingratitud que anida en el corazón de los responsables.
Y los gigantes merodean.
Holgazanes, sedientos de sangre pura donde se respira oxígeno.
De vidas disueltas en el tiempo del Canal preñado de sueños.
De amores perdidos y de ilusiones que incuban.
Que unas veces paren y otras abortan.
Doña avaricia siempre gana cuando el trapiche engulle esperanzas.
Cuando canta el ruiseñor en la palmera y el águila revolotea.
Cuando el murciélago anuncia con su canto de mal agüero.
Y la lechuza se asoma.
Y el perro aúlla, y cuando la noticia sale, el
canillita gana, y el periódico vende.
Y parientes que claman ¡No hay gasa aquí!
¡Ni sangre!
¡Se quedó en el mar! ¿Y el presupuesto?
¡Se esfumó en el camino!
¡Qué desperdicio!

¿Y cuándo Eduardito pregunte?
Y la abuela espere sin respuesta. Ni esperanza.
El jefe policial prometerá.
El presidente firmará
Y la ropa esperará por un segundo enjuague.
Las lágrimas se secaran. Y al salir el sol, la ansiedad reventará
Y la tristeza matará
Y cuando termine el parto.
El dolor se olvidará
Al amanecer
De nuevo
¡La lancha se hará a la mar!

Mantos blancos cubren en plena arena los desajustes de los sistemas. Heridos esperan por ayuda; Sobrevivientes deshidratados; perros vagabundos merodean el lugar; mirones, familiares desesperados, periodistas, la Cruz Roja, helicópteros de las fuerzas del orden trabajando como el abortivo del día después. Ahora la playa esta activa. Se disipó la soledad de la partida y los pichoncitos allá en los nidos, deciden desaparecer.

Jesucristo muere ahogado camino a convertirse de nuevo en un inmigrante indocumentado como cuando era niño. ¡Y pensar que doña Eufrasia se fue a buscarlo allá al calvario original; ¡El de los dos mil años! ¡Cuán cerca esta! Aquí mismo. ¡En una playa dominicana!

NO ME QUITEN LO MÍO

Al arribar a otro país, los inmigrantes comienzan a absorber la nueva cultura como la esponja líquidos.

Por otra parte están los que con tal de integrarse, van dejando de lado sus tradiciones, y las cosas que lo identificaban se devalúan a sus ojos, porque comienzan a copiar costumbres ajenas, muchos llegando al extremo de avergonzarse de lo que tenían y hasta criticarlo, convirtiéndose sin darse cuenta en "fulano de ninguna parte"

Tu pesadez no te permitió escuchar la alarma del reloj que como tren expreso que se acerca a la estación, pitó insistentemente. El culpable fue el cansancio causado por el trabajo en que por ocho horas te embarcaste el día anterior en aquel parqueo, acomodando tu trasero en cien vehículos diferentes, y entrando y sacando llaves. Entonces, desde los confines del silencio comenzaste a percibir tu nombre acercándose e ir creciendo como si viniese saliendo de un megáfono gigante, hasta ocupar todo tu sistema auditivo. Y como si no fuese suficiente, comenzaste a sentir empujoncitos por la espalda que iban acorde con la melodía de tu nombre entre susurros, trayéndote lentamente desde el subconsciente, hasta aterrizar de sopetón en la realidad: ¡Roberto! ¡Roberto! ¡Roberto! -Porque ella aun entre sueños, escuchó la alarma.

Como un zombi te sentaste arañando el vacío y ejecutando una serie de giros alrededor de un ojo con el puño cerrado como dibujando ceros, uno sobre el otro; luego tiras a un lado la sabana, intercalando bostezos, quedando a la intemperie en tu acostumbrado traje de Adán.

Entonces bajas una pierna; la otra la imita y algo invisible mueve los dedos de tus pies, como si estuvieses con ellos pulsando las teclas de un piano, más bien, buscando el hueco en las pantuflas.

_ ¡Refunfuñas una rabia que estas lejos de sentir- ¡Que nadie me diga lo contrario! – ¡Esta hora no tiene sesenta minutos! ¡Es el tiempo que corre más rápido. Las últimas silabas se alargaron tanto con el bostezo que parecían extraídas con un elástico al que lo halan con fuerza por un extremo.

_ "¡Dale gracias a Dios mi amor por amanecer vivo, para que comiences el día por el lado positivo!" Envuelta como momia te dijo quedito para no desligarse del sueño que todavía la embarga, porque es su día libre.

Atendiendo a su pedido cambias tu actitud y volviéndote suavemente, estampas el acostumbrado beso matinal sobre la tela de la sabana donde imaginas que se encuentra la mejilla, y con cierta envidia sientes la tentación de quedarte también disfrutando el calientito, forzándote a ti mismo, porque de pensarlo un segundo más, ¡adiós día de trabajo! o llegas tarde, y ninguna de las dos son opciones, porque hoy precisamente no tienes quien te sustituya.

En tus ceremonias previas a la salida hacia el trabajo, con ligereza das las vueltas reglamentarias por el baño, y de ahí sales estrujándote con fuerza una oreja con una esquina de la toalla, al parecer quitándote con ella el sucio que te faltó por restregar, y luego la tiras en una silla del comedor, porque así eres de despistado, actitud que le activa la cuerda a las mujeres.

Ya en la cocina después de unas cuantas vueltas, apagas la estufa en medio del gorgoreo de la cafetera que como mujer peleonera, no para sus protestas a manera de monologo, aunque la desconectes o le adaptes un silenciador. Vacías un poco en la taza encima del azúcar, y con la premura tuya y los hervores del café, se salpica el mantel de almíbar morena.

¡Qué vaina! ¡Tú veras a aquella, cuando se dé cuenta! ¡Me va a echar la culpa si vienen luego las hormigas! —Murmuras para ti mismo- ¡Definitivamente, este no es mi día! "! Me quedan solo cinco minutos, y no me da tiempo a limpiarlo"

No obstante, borracho por el aroma te sales de la realidad y te sientas a saborearlo en tu taza preferida, cumpliendo con las reglas de los viciosos de la cafeína, porque según ellos, no sabe igual en otro jarro, ni de pie porque barco parado no gana flete y además se barajan los planes, y nada de bautizarlo con leche, ni crema, ni ningún otro invento porque el de la mañana debe ser negrito y fuerte. Y de no tomártelo como manda la regla, te duele luego la cabezota. ¡Que café regular ni que nada! "No me vengan dizque con agua de café y un dedal de leche". Entonces diriges la mirada hacia el calendario que esta adherido a la puerta de la nevera, sostenido con fresas plásticas imantadas, las que además sostienen tarjetas comerciales, recordatorios de citas médicas, la tarjeta de la señora dominicana que hace bizcochos y los teléfonos de unos cuantos restaurantes y Pica Pollos. Extasiado se desvanece la prisa, yéndote lejos en pensamiento cuando de repente comienzas a observar el monumento a los héroes de la Restauración de la república, enclavado en Santiago, foto principal de la portada del calendario- ¡Mi Empire State Building! -Pensaste en voz alta-

Te embelesas en la imagen como si en ese instante el monumento estuviese pariendo la recta flecha lanzada como una bala, directo hacia la capital. Sientes nostalgia, se te agolpan los recuerdos y se te aguan los ojos; - ¡Mi pueblo! ¡Lo mío! ¡No me quiten lo mío! Peleabas con nadie y no entendí el porqué de la última frase, porque quien te está quitando nada, diría el otro;

Luego te conformas: Falta poco, porque ya recibiste la carta donde te avisan que próximamente te llegará la tarjeta verde, y la euforia de la espera te tiene fuera de la realidad. ¿Y si esto es ahora, que será cuando esté más cerca la fecha?

El paraíso soñado que vivía en tu mente, antes de emigrar había dado un giro, y ahora quien estaba al frente en tu meta era tu pueblo, que desde lejos lo veías como un ensueño.

Escurriendo la última gota pegajosa que se niega a bajar, y tú esperándola con la lengua afuera, porque esa es la que te llega, dejas en el fondo dibujos de esperanzas, que alguna lee tazas descifraría como: "Se ve un viaje, un paquete, un fajo de dinero, y otra persona" te diría la curiosa que sabe en lo que estás envuelto-

Todavía con la cabeza a ciento ochenta grados hacia atrás sostienes la gorra para que no se te caiga, y quede al descubierto la _según tú_ vergonzosa calva tempranera, que escondes como una vergüenza, porque los pelos habían emigrado con las hojas de cada otoño, y se habían alojado en la barba y en el bigote que más bien es un cepillo de limpiar zapatos. No entendí tu recato al esconderla tanto, porque el único espectador en el momento sería un bigañuelo que con pavor cruza como un celaje, de un rincón a otro de la cocina. Intentaste buscar la pega para atraparlo pero vuelves a mirar el reloj.

Con la premura tiras la taza al fregadero expuesto a quebrarla, y le abres un segundo la corriente de agua para que no se le pegue el almíbar, y de esa manera hacerle el fregado más ligero a tu mujer cuando se levante; "algo es algo" piensas dando un recorrido con la lengua por la periferia de los labios, relamiendo el dulce y luchando por atrapar un granito de azúcar que se había resbalado de entre los pelos del bigote.

Te diriges al calendario que tienes convertido en un cementerio, porque rápidamente marcas otra cruz en el cuadrito del mes de enero en el día cinco. ¡Está lejos, pero es un día menos! -Dijiste porque la crucecita final ya estaba estampada en el cuadrito de junio veinticinco, desde que planificaste el viaje. De la misma manera pasas por la agencia de viajes cada semana en día de cobro, para abonar algo al pago de los boletos.

Volver a ver tu familia; caminar en tus raíces, y presentarles a tus padres tu esposa boricua, te va a matar de ansiedad. En eso eres honesto, porque no está en tus planes dejarla, al cumplir el tiempo reglamentario de casado para divorciarte, después de que te llegue la tarjeta, como a veces sucede, porque realmente estás enamorado. Tan ansioso estabas en esos días que el comentario de tus amigos al alcanzar verte cuanto te acercas es: "Allá viene aquel a hablar del jodío viaje.

De pronto lees el nombre del negocio que te lo obsequió, acción que te trae de golpe a la realidad: ¡Carajo, se me está haciendo tarde y tengo que entrar a la bodega!

Empuñas la mochila ensartando un brazo en la primera agarradera, luego el otro en la segunda y balanceando los hombros te aseguras de que quede cómoda en el centro de tu espalda después de haber colocado en ella las cosas que necesitas para el presente día: el celular, los audífonos, el almuerzo que te dejo listo tu mujer anoche en una cantinita, por lo tanto, quieras o no, deberás repetir el menú. Aseguras las dos cerraduras de la puerta del apartamento; tomas el elevador, y al bajar sales trotando hasta empujar otra puerta que mueve la campanita que cuelga en el centro, anunciando tu entrada.

-¡Que lo que, Pesao! ¡Dígamelo tó!" Saludo que efectúas caminando hacia la nevera para procurarte la botella de agua, luego los periódicos dominicanos del día en el mostrador, y algún calmante, que te los proporcionarán, al momento de pagar.

Mientras se realiza la operación de cobro y devuelta, el bodeguero inicia un monologo que tiene atrabancado entre los dos hemisferios del cerebro, esperando el momento oportuno para explotarlo como cohetes. Es usual en el opinar en cada problema ajeno, asumiendo que tiene la solución, y no había considerado apropiada la elección tuya, iniciando su derroche de criterios, porque habla con el volumen y la rapidez de un narrador de carreras de caballos. Pero en números es realmente un caballo, y su dedo presionando las teclas de la calculadora, es el pico de un pollo colectando maíz para el buche.

-¿Qué calendario fue el que tú elegiste el otro día, muchacho?

-*¡Dime! ¡Dizque el monumento de Santiago! Vean esa vaina. "¡Loco! ¿Por qué no escogiste éste, el de la estatua de la libertad, brother? O del Empire State. Mira a ver, yo te lo cambio; todavía hay tiempo.*

-*¡Qué va!* **Le dijiste** *_ En un marco lo voy a poner, cuando termine el año. ¿Porque lo mandaste a hacer, si te causa tanta repulsión?*

¡Vino en el paquete! fue lo que contestó el bodeguero quien continúa con su derroche de consejos.

¿Qué pasó mano? ¡Aquí es que tú te ganas los dólares, loco!" "¡Aquí fue que Papa Dios se sentó a secarse el sudor y a descansar!" Ya, pon los pies en la tierra y corta el ombligo. Para allá no hay nada que buscar.

-*Tranquilo Pana, le dijiste. A mí me alcanza conciencia para venerarlas a todas, y a ese con más razón porque costó la sangre de mi gente. Le replicaste incómodo, porque su entrometimiento te tenía como un globo a punto de explotar, palabras que cortaron la conversación y mirando el, reloj en tu muñeca, saliste diciendo:*

"¡Ta'tó Pana; ¡Gracias de todos modos; se me hace tarde!"

Tu calidad de cliente, te hizo meritorio del regalo, pero no quisiste externarle tu opinión porque él está deslumbrado con tanta bonanza, y eso no se quita con los calmantes que se venden en su negocio, entonces rabia y lágrimas de frustración eran tus acompañantes camino a la estación de trenes, porque no encontrarse a quien reclamarle tu pueblo que se te pierde entre cosas materiales.

LA VALENTIA DE RONALDO

Hay quien no haya tenido quien lo reciba en el aeropuerto, especialmente cuando se viaja de manera ilegal. La razón es que estas personas no participan su proyecto a nadie por miedo a denuncias. En ocasiones aparece una mano amiga que les da albergue y los/las orienta. En cambio hay quienes han encontrado quien los haya incitado a involucrarse en negocios ilícitos. Unos han caído presionados por las deudas de viaje, mientras que los valientes, que son la mayoría, por ninguna circunstancia han sucumbido.

Sueldo mínimo, sin recibir el pago por las horas extras que trabaja. Semejante situación está confrontando Ronaldo, quien a los diez y ocho años parece de veinticinco, porque en el campo laboral es un adulto hecho y derecho. Su piel refleja la resequedad y quemaduras del intenso sol que junto a sesenta personas tomó en una travesía en yola, que como a papas saliendo de un saco, los vació en una solitaria playa de Puerto Rico. A la deuda contraída por dicho viaje le suma el pago por la zancada que dos meses más tarde dio a la Gran Manzana, -instruido por quien sabe quién, que se ganaría unos dólares- a como escurrirse por uno de los pasillos del aeropuerto Kennedy de Nueva York, evadiendo seguridad, vaya usted a saber cómo. Sus manos emigraron encallecidas y sus músculos endurecidos delatando el trabajo áspero que lo formó desde su niñez, cuando entró a formar parte de la fuerza laboral en el mundo de los adultos.

Lo que le sucede a este muchacho en el trabajo no es lo usual, porque aun en su condición de indocumentado, existen ciertas leyes que lo amparan, pero siempre habrá excepciones a la reglas y a él le tocó un patrón lo está abusando, pero él, aun lleno de miedos, no se preocupa porque con lo poco que gana, está solucionando sus prioridades, ya que es muy medido en el manejo de sus finanzas. Miedo al carro de policía que le pasa cerca, a cada persona que entra al negocio, y hasta un chivato que lo denuncie, por eso no habla de su condición de indocumentado con nadie, y se traga cualquier humillación, para no meterse en problemas y poner en riesgo las esperanzas de legalizar su estadía cuando mejoren las finanzas y se presente la oportunidad.

El haber nacido en un hogar limitado económicamente lo enseñó desde temprana edad, a que el poco dinero que entraba había que destinarlo a las prioridades dejando de lado las preferencias y el derecho a aspirar a un juguete. Porque sufría un montón cuando escuchaba a su mamá decirle: ¡Eso no se come muchacho!- Pero aunque soy delgado como un palillo, no fue por falta de cuchara. –Dice con orgullo-, porque en mi casa se trabajaba para echar en la olla, por eso di un salto forzoso de la cuna al conuco, y aprendiendo a caminar tenía que pasar hojas de tabaco a los amarradores, más tarde alternando con las horas de escuela.

Con el aparato televisor usado, que recogió del basement donde vive, Ronaldo resuelve sus fines de semanas, porque este Súper le acomodó un rinconcito, cuya conexión se dio porque en el tiempo que pasó en Puerto Rico, se había refugiado en casa de un familiar de éste quien lo recomendó por teléfono como muchacho serio, expuesto este Súper a encontrarse un problema porque el rinconcito parecía más ratonera que habitación para humanos.

Ronaldo había terminado el bachillerato en un pueblo vecino, y su pretensión de continuar estudiando cuando emigrara, se lo tragó la precaria situación económica en que dejo a su familia, y por ahora, a trabajar con brío hasta ver qué pasa.

Aunque es alto y delgado, la figura de Ronaldo camino a su trabajo, es la de un muñeco inflado, por el volumen de la vestimenta que lo cubre, de tal manera, que en caso de que diese un resbalón en la nieve y cayese, rebotaría como pelota de aire, sin sufrir ningún rasguño.

El abrigo talla grande le bailaba en el cuerpo, y al calzado que había terminado sus servicios en otros pies, tuvo que rellenarle la punta con papel, y por lo externado anteriormente, caben dos Ronaldos. A tres meses de estrenado como inmigrante, el muchacho no ha podido comprar ropa y calzado adecuados para el frío a su medida, porque su prioridad es la deuda de viaje que está pagando a su madrina, en donde pasa los domingos, y enviar parte a la madre; cosas difíciles de creer por ahí a unos cuantos miles de millas, hasta cruzar el mar.

El ruedo de mangas deshilachado tiene un fino borde negruzco toda la orilla, dibujado con el lápiz del uso, y con los dedos cubiertos con las pulgadas que sobresalen, pareciera que Ronaldo va aplaudiendo mientras caminando rápido balancea los brazos. Quiere llegar a tiempo al trabajo que encontró en un supermercado del área, porque de llegar tarde, le descuentan del sueldo por cada minuto de tardanza que marque el reloj en que poncha todos los días. Me cuenta de las dificultades que como empleado nuevo ha tenido que confrontar, entre ellas, a penas en su segundo día, al salir a entregar una compra en el vecindario, la dueña de la misma, después darle tres pesos de propina, le da de boca la dirección: "Es en el E-6, -el último piso- toca la puerta, que hay gente en mi casa.

Toqué diferentes puertas, hasta que al fin la deje en el rufo, -la azotea- y cuando la dueña llamo al supermercado, me dieron un boche que merecía un Oscar y de casualidad no me botaron.

-"Señor dele un chance" me dijo con su hablar cantadito, el compañero mejicano, al único que le confié mi situación, porque me había confesado que él también estaba en las mismas, además del patrón que me entrevistó y me pidió documentos, y ahí estoy hasta ver qué pasa.

Un día de esos, camino al trabajo, un gigante se me atraviesa al paso. ¡Ya me atracaron! -Fue lo que pensé- Pero si no me llevaba las llaves o la vida, ¿qué más iba a obtener de mí? Mi corazón le dio una palmadita a sus latidos para que se tranquilizaran, mientras me estrujaba los ojos porque las esponjitas de nieve que caían, traspasaban las pestañas y me picaban en los ojos. El sujeto es un espeque frente a mí.

-¡Muchacho! ¿Tú no eres Ronaldo el hijo de Altagracia y Joaquín? ¡A pero ese callejón va a quedar vacío! ¿Y cómo fue que viajaste? ¿Quién te pidió?

Era Ernesto, vecino del sector de dónde vengo, un paraje minúsculo y aislado. Me reconoció en seguida, porque yo sigo igual que un sorbete de flaco, mientras que él se convirtió en un moreno gigante, creciendo tanto hacia arriba, como hacia los lados, de manera que lo vi cuadrado, sumándole el volumen de la ropa que contiene tela para vestir una docena de niños. Sus pantalones caen enrollados sobre sus botas, teniendo en cuenta que la cintura del pantalón reside a nivel de la punta de la nalga dejando buena parte de la línea a la intemperie, y según parece no se siente cómodo porque pelea constantemente con la gravedad que se los baja, mientras él se entretiene levantándolos.

Después del saludo Ernesto comienza a hablar sin puntos ni comas como es su costumbre:

Mira muchacho, es de casualidad que nos encontramos, porque yo me despego de las sábanas a eso de las cuatro de la tarde. Lo mío es de noche.

-*¿Y qué? ¿Cómo dejaste ese callejón?*

-*¡En lo mismo de siempre!*

Es usual en Ernesto usar la lengua más que el oído; en eso no ha cambiado, -dice Ronaldo- porque de niño quería tener la prioridad en todo: tomar el primer helado de la caja de heladero, y hasta un empujón le daba a uno, aunque uno llevase la lengua afuera de tanto correr para llegar primero. Como parte del saludo me descarga un manotazo en la espalda tan pesado que me dolió, y el perfume que llevaba me entró por los sentidos que casi me mareo, porque voy con el estómago en pijamas, hasta llegar al trabajo y comprar una botella de cualquier agua con color, y un pan.

Como él mismo se cataloga, la figura de Ronaldo -nuestro protagonista- es la de un lápiz, de negro y brilloso cabello lacio que casi le besa los hombros, y en la frente cae en forma de copiosa pollina, el que tarda más tiempo en peinarlo con las manos hacia un lado de la frente, que ellos en volver a cubrirle la mitad del rostro, y en eso pasa la conversación, escondiendo una mirada henchida de emociones y esperanzas nuevas. La timidez le permite sonreír con la mitad de la boca; sonrisa que más bien es una mueca, pero muy lucida.

-Atento y nervioso, Ronaldo aprovecha un estornudo de Ernesto para introducirse y contestarle una de las tantas preguntas:

-Trabajo en ese supermercado, descargando productos de los camiones, organizando viandas en los cajones, ganando a cinco y pico la hora, y una que otra propina cuando entrego alguna compra.

Lo dicho por Ronaldo fue aprovechado por Ernesto para hacerle una propuesta:

-"Oye loco, te tengo trabajo right now. Ven conmigo tíguere" "Aquí no se puede venir a vivir de esclavos como hacen muchos" Te lo digo Brother. Aquí hay que buscárselas. Si tú pagaste ese ja' de cuartos y pasaste más hambre que un ratón de iglesia en esos viajes, Mano, no me vengas tú a decir que te vas a quedar trabajando por tres cheles, para recuperar en cincuenta años lo que invertiste. No seas tú pendejo, y perdóname la expresión. Así comencé yo en un trabajito de esos, y cuando me entregan un cheque de ciento cincuenta dolaritos, le hice cruz y raya, porque solo de habitación tenía que pagar setenta y cinco semanal, calcula por ahí. En cambio ahora gano cien veces en un minuto, lo que tú te ganas en un día loco, y sin tener que joder mucho" ¿Mira mi flow?- dice Ernesto dando una vuelta redonda, modelando el equipo que lo envuelve. "Ya compré casa y finca en el país, y mi apartamento aquí. Qué te parece. "Yo de aquí me voy de una manera o de la otra: o con cuartos en poco tiempo, o derecho como una canquiña, mirándome el dedo grande del pie derecho, pero más necesidades no, así es que piénsalo tú también" Lo que yo te ofrezco es un clavo pasao. ¡Créeme loco! ¡Ahí hay cuartooooos! ¡Pa -pe -le –tas- veeer-des! Termina Ernesto frotando el dedo pulgar con el índice de la mano derecha.

-Si este se cree que la abundancia de la que alardea le da licencia para ofenderme, se equivoca, porque yo continúo escuchándolo por aquello de la oferta de trabajo que me está haciendo, y en este momento estoy nervioso, mirando el reloj a cada segundo, entonces le digo:

"¡Dame la dirección favor que me tengo que ir!"

-Es en la esquina de Post con Academy! -cualquiera de los muchachos que están ahí parados te va a dar información de mí, porque yo les voy aponer al tanto-

-¡Mis ánimos caen, entonces le digo: Chao, voy a pensarlo! Y sigo hacia a mi trabajo pensando en un consejo de mi madre: *"Mi hijo, tenga siempre en cuenta que lo que parece muy bueno, para ser verdad, perjudica"*

-Esa noche tuve una pesadilla por capítulos que se extendió hasta el amanecer.

Fíjese, -continua Ronaldo- de momento me encuentro recostado en una camilla, en un cuarto que más bien era un frízer gigante, acompañado de cuerpos que me dieron la impresión de un almacenamiento de pavos frisados que esperan su día de gracia; desnudo, tieso, frio, y sin color. Luego me veo en otro lugar, maquillado y vestido de elegante traje negro metido en un ataúd. Más tarde estoy volando por el techo desde donde observo mejor el desarrollo de los acontecimientos. Me encuentro buen mozo en mi calidad de difunto, porque vivo nunca ni me vestí tan elegante, ni me puse nada en la cara.

No obstante, la elegante vestimenta disimula el guayo en que esta convertido mi cuerpo, por los tiros que me ha perpetrado un policía en una redada, porque andaba con los muchachos de Ernesto realizando un atraco a un negocio, porque según el sueño, él me había convencido. ¡Claro, el novato era yo! Ellos huyeron con el paquete cuando escucharon las sirenas, y como yo me quedé paralizado, un policía me quito del medio a la velocidad de la misma bala que me atravesó el corazón de manera tal, que antes de lanzar el último suspiro, me había hecho de los dos números en los pantalones. No valió que levantara mis manos en señal de rendimiento. Cuando iba cayendo al duro cemento de la acera, solo un pensamiento me torturaba: "Voy a llegar tarde al trabajo" "Voy a..." entonces escucho decir a una señora que con cara de satisfacción observa el hecho desde una ventana:

¡Uno menos en la cuadra!"

¡Degraciá! le voceé, no sé si me escuchó porque la voz se me estaba yendo, y a Dios que me perdone, porque ya casi estaba a punto de rendirle cuentas.

De momento no siento dolor, sólo gozo y paz. Algo que no puedo explicar, entonces salgo al aire en cámara lenta, levitando, volando, liberándome del cuerpo como pollito que sale del cascarón. Observo mi cuerpo inerte tirado, cuando un canal de sangre va corriendo por los canalitos del cemento formando arroyitos, y a muchos mirones tapándose la nariz. Más adelante veo a Ernesto. En ese momento colectaba dinero entre sus muchachos para gastos de hospital y mandarle el cuerpo a mi madre. Apenas lo reconozco porque en esta ocasión lleva un pesado abrigo de cuero. El cuello enredado con gruesas cadenas; la muñeca de la mano derecha enredada con un rollo de pulseras y la ristra de anillos asegura cada uno de los cinco dedos de una mano, terminados en uñas cristalizadas, al parecer salidas recientemente de la manicura, y el brillo de la esfera del reloj es una noche estrellada. El calzado de charol, sellado en la punta con piel de culebra, le da el acabado final a tan despampanante figura.

Escuché decir que me cremaran para salir de eso rápido y por poco muero otra vez ahí mismo porque ¿Cómo le iban a dar el disgusto a mi madre de no volverme a ver ni siquiera convertido en cadáver? Disque llevarle una cajita de cenizas. ¡Ta' loco! Suerte que mi madrina se opuso. Que Dios la bendiga. ¡Esa si sabe para lo que me agarró una patita en la iglesia! Entonces la veo a ella también colectando dinero entre la gente de mi pueblo, sumando la cantidad que le entregó Ernesto.

De momento estoy en el campo sintiendo la fresca brisa que va empujando la noche para darle paso al nuevo día que viene lleno de sorpresas. También está descomponiendo el canoso cabello lacio que le queda a mi padrino en su redonda cabeza, mientras camina cabizbajo por el trillo hacia mi casa, porque su camioneta está ocupada en el traslado de mi cuerpo desde el aeropuerto. Se dirige hacia la rancheta que está en el patio; allí sentado en un banquito se dispone a rebuscar las palabras adecuadas con las que enterará a mi madre de la noticia que le había pasado mi madrina desde Manhattan. ¡Qué compromiso este! Es cuando Mami sale escoba en mano dispuesta a limpiar el patio, como hace todos los días.

-¿¡Y eso compadre usted tan temprano por aquí?!

-¡Comadre uno es nadie! -Dice mi padrino.

-¿! Quien se murió compadre!?

Mi padrino dibuja signos con los dedos en el piso de arena, mismos que examinados por un perito calígrafo arrojarían dolor y preocupación. Pero el propósito real de su actitud es que su mirada no choque con la de Mami.

-¡Compadre! Yo lo veo raro. ¡No me diga que me le pasó algo a mi comadre!

¡Trágame tierra! Expresa mi padrino, pero de repente es liberado de apuros cuando una vecina quien había escuchado la noticia en el poblado: "El que mataron en Nueva York fue al hijo de Josefa" con gritos en los que mi nombre volaba por los elementos.

Por su lado, mami da un salto en el aire como de un metro, y cae como un zapato. Unos agricultores que limpian el conuco vecino, vuelan la maya para ayudar a mi padrino a trasladarla la cama.

Los demás vecinos/as comienzan a llegar y una de ellas seguido inicia los ritos del verrón en la frente y los brazos; le da a oler hojas de guanábana estrujadas, y no conforme, le da a oler un zapato con sicote, un cuchillo para los ataques de histeria. Entonces otra más entrenada en el asunto, inicia la tanda de ensalmos, cuyas palabras son pronunciadas rápidamente y en silencio en el oído de la paciente, como el que envía un desesperado mensaje secreto. Luego, a su tiempo, lo pasará como herencia a quien ella crea meritorio de dicho privilegio. Los aromas de las hojas y del zapato se confunden con el olor yerbas y sudor de los campesinos, pero el aire que mejor se respira en aquel lugar es el de pura solidaridad, porque los vecinos se están haciendo cargo de ordenarlo todo.

Como quien graba desde un helicóptero, observo la entrada de la camioneta al callejón, seguida por una fila de compueblanos. Sentía una potencia tan tremenda, porque era más fuerte en espíritu que enfundado en el cuerpo.

El vehículo se desliza por el estrecho espacio culebreado, pedregoso y con altibajos; un sendero que tantas ganas tenía yo de volver a caminar. Los cinco meses que llevaba fuera me parecían diez años y todo lo veo diferente. Las hojas de la mata de mamón en el fundo de doña Lola, se dejan mecer por la brisa. Lo mismo percibo en el burro renco que pasta en la sabanita de Guido; todo apacible. Lo único que lastima el silencio son las voces de los muchachos que vuelan chichiguas en el solar de Chucho. ¡Suéltale! ¡Suéltale!! Suéltale! De repente halan los hilos, bajan el volumen y se asoman a la orilla de la maya. Un evento nuevo en el vecindario les cambia de actitud, porque es un lugar donde nunca sucede nada, ni se ha visto una caja de muertos tan lujosa, "para su dueño" entonces dando un salto, se unen a la comitiva.

Julián, asiduo en los velorios y corto de mente, es más respetuoso que los mismos cuerdos, porque se acerca con su cara ajada y la gorra detenida cerca del pecho. ¡Que Dios lo tenga en su santo seno!

De repente están desprendiendo la puerta del camino y la de la casa, para que mi equipo pueda caber.

En medio del aroma del café, veo las muchachas del vecindario colocando bolsas de galletas y queso en una caja. Las veo silenciosas y de vez en cuando, una que otra enjuga una lágrima y se sacude la nariz.

Como con un control remoto, el acercamiento a la casa aumenta el volumen de los lamentos de dolientes y amigos.

El pueblo se ha hecho presente donde no falta ni el cura, ni el alcalde. La pulpería de Mingo cerrada, apunta lo solemne del momento, porque este no cierra ni el Viernes Santo.

Ya están bajando el féretro de la camioneta, cuando veo que a uno de los que lo carga se le zafa la argolla, por sacar un pañuelo de un bolsillo y enjugarse las lágrimas, lo que no le permitió mirar por donde caminaba. Así como a él, veo mucha gente llorando. Me siento consternado y pienso que la gente quiere a uno, y no se lo deja saber cuándo está vivo. Yo creía que ese en especial no me quería, porque nos peleaba cuando la pelota caía en su conuco, razón por la que pusimos trile para su tierra. ¡Eso si me tomó por sorpresa! Sentí deseos de hacerles saber a todos que yo también los quería mucho. Si tuviera otra oportunidad. En vida escuché que los muertos hacían asomo, pero por más que intento dejarme sentir, no puedo.

De momento escucho una conversación que sostienen dos o tres en el patio:

-¡Carajo compadre, pero vea que mi comadre Josefa tiene mala suerte, la pobre!

-¡Qué casualidad compadre! Si supiera que eso mismo estaba yo pensando. Uno no e' nadie.

-Su único hijo. Esta era su esperanza, y vea que el muchacho estaba dando señales de que la iba a ayudar, porque desde que llegó a nueva york, esos chelitos no mancaban el día primero.

Cuatro sillas; la misma cantidad de velas y jarrones con flores, esperan silentes. La latita en un rincón humea incienso. Mami se sostiene la cabeza con las dos manos como si se le fuese a despegar del cuello. Sus cabellos no han vuelto a ver un peine desde que recibió la noticia. Llora con lamentos que de tan profundos me hubiesen matado de dolor, pero estoy doble muerto, porque me dejaron como un higüero pa' calabazo: sin tripas, ni ojos, ni mondongo, ni lengua… le digo que creo que me sacaron hasta la masa del cerebro; me dejaron vacío. Quién sabe dónde quedó la otra parte de mí. Aun así, ni que me ofrecieran los millones de Chanflán, me volvería a meter en él.

-¡Hay mi muchachoooooo! –Gritaba Mami- ¡Mi pedazo de corazón! La última vez que hablamos me dijo: "¡Mamá no se apure! ¡Yo le voy a construir su casa! Yo la voy a sentar en una mecedora, como una reina. ¡Le voy a traer la tubería del agua desde la carretera Duarte! ¡Y el tendido eléctrico!

Luego tomo esto como una premonición para no fallarle a mi madre, y continuar por el camino recto, aunque pase dificultades, y cuando de nuevo me encuentro a Ernesto, aprovecho para cerrar el capítulo pendiente:

"¡Sabes Ernesto! Agradezco tu intención de ayudarme, pero no la puedo aceptar porque no quiero tener problemas; tú sabes que si me agarran, adiós residencia. "De todos modos aprecio mucho tus buenos deseos" Entiende, tú tienes tus papeles y yo no. ¡Gracias de todas maneras!

Luego arreglo el sueño: la camioneta da cuatro y el ataúd da siete: cuarenta y siete, o setenta y cuatro: bonitos números para el miércoles. Los juego al derecho y al revés, le pego a uno y me saco un palé rendido, que me alcanza para pagarle la deuda completa a mi madrina y le mando a mi mamá para que comience la casa.

"-Doña Juana la rezadora, observando el inicio de la construcción, expresa:

¡"Comadre, usted comprueba lo que yo siempre le he dicho? ¡Hay que irse para allá! Mañana Ronaldito cumple cinco meses de que se fue, y ya le va a construí su casa. Ya la veré yo un día de estos volando también"

Luego en una carta le cuento el sueño a mami, y le hablo de Ernesto y su propuesta. Ella me contesta:

-"Mi hijo ese sueño es un aviso de tu papá que desde el cielo te está protegiendo. Pero recuerda que te quiero sano y salvo, aunque ganes poco dinero." ¿Tú no has pensado que los chelitos que te sacaste fueran en pago por tu valentía?

-Usted cree que si Mamá- Yo también lo creo.

LA MADRE INMIGRANTE

Con tal de darles a sus hijos lo que ellos cuando niños no tuvieron, algunos padres/madres de familia, viven afanados en que su hijo/a lleve puesto lo último que sale al mercado, aunque tengan que hacer milagros para extender el presupuesto, dejando de lado lo más importante que tuvieron: Los valores familiares. Otros en cambio son presionados por los hijos, por las mismas circunstancias.

Otro contratiempo con que se encuentran es que al no hablar el idioma del país al que emigran, -cosa que los niños aprenden rápido- son tratados por éstos como ignorantes.

He aquí la historia de una madre, que es la mejor interpretación de lo que aquí expongo.

Sucede en la sala de espera de un consultorio médico, en el alto Manhattan/Washington Heights. Regularmente en lugares como esos, los temas se desarrollan alrededor de las últimas noticias; expertos en remedios caseros exponiendo sus conocimientos; el último tiroteo en una escuela, la creciente carestía e inseguridad, y problemas familiares expuestos por algunos, con lujos de detalles.

Revistas y periódicos descansan si ser tocados en una mesita, porque un par de adolescentes han tomado el control en las conversaciones, forzando a que todos en el recinto reparen en ellas. En un lenguaje exasperado las niñas se disputan el turno a manotazos, como si tuviesen que agotar el tema en un corto periodo de tiempo, debatiendo el argumento que las ocupa.

Así como desarmonizan con la conversación, así mismo en el caro ajuar que las cubre de pies a cabeza, sin excluir los tornillos incrustados en la lengua, nariz y ombligo; los tatuajes que marcan sus piernas y brazos al descubierto, y para resaltar más su presencia, los negrísimos mechones con betas anaranjadas, que nacen en una preciosa cabellera azabache, apuntan al cielo como la lava encendida de un volcán en erupción. Sus labios haciendo juego con sus cabellos, son el reflejo de una noche negra en el campo: Oscura como boca de lobo.

El tópico se desarrolla en ingles entre retorcijos de labios y contoneo de ojos, proyectando lo despectivo del argumento que las tiene tan exasperadas. Al parecer es algo tan repugnante, como si se le hubiese metido un molusco a la boca.

¡Yo no soy inmigrante!

-¡Ni yo tampoco!

-¡Yo nací en Los Estados Unidos! ¡Yo soy americana!

-¡Yo también! ¡Soy americana!

En cambio, mami, de una manera o de otra, se esmera en resaltar el lugar de donde viene. Se siente orgullosa al decirlo, y cuando me visitan mis amigos, se la luce haciendo cuentos de las cosas que sucedían allá en la urbanización.

Esta niña rechazaba algo que su madre y yo valorábamos tanto y que tenemos en común. Un pueblecito que con sus dificultades y revueltas, lo llevamos recostado a la espalda, a dondequiera que vayamos. Las niñas reniegan con rabia de sus raíces, sin reparar en el indio, el mestizo, el africano, el esclavo que las acecha por el lado trasero de sus orejas.

Un día en que se celebraban las fiestas de Independencia, les asignaron un trabajo en la escuela, sobre personajes de la historia de nuestro país, y ellas muy orgullosas hicieron una corta descripción con los nombres de Sami Sosa, Fefita la Grande y Wilfrido Vargas, y como conclusión escribieron: Jonronero, bachatera y merenguero, y para colmo, obtuvieron una A+ en el examen. Sin menospreciar a estas personas reconocidas en el mundo de la música y el baseball.

¡Mi mamá si es inmigrante! ¡Imagínate! Hace dos semanas que me enteré que viajó por medio de un matrimonio arreglado.

-¡Cómo! Dice la otra.

Mi tía me lo contó con la intención de que yo entienda su sacrificio y la trate mejor. Por eso te digo que ella si es inmigrante; con un tipo de historia como esa, no digo yo.

Al pronunciar la palabra inmigrante, la mueca de asco es precedida por fingidas náuseas sacando la puntiaguda lengua como la cabeza de una culebra.

Es una anticuada mi mamá, y ni siquiera su propio idioma lo pronuncia bien, y en ingles no sabe decir ni gracias. -Yisus, I can not believe it- Yo no salgo con ella, para no pasar vergüenzas. Le falta clase. Vestirse adecuado… Estoy loca alcanzar la mayoría de edad para irme de la casa. "!I'm really tired about this!" ¡believe me!

Igual que la mía -dice la otra- pero yo en cambio para no pasar vergüenzas, la ayudo y quiero permanecer a su lado hasta que sea necesario, por eso me mantengo diciéndole: "Mami eso no le va a tu color…" "Esto otro está pasado de moda" "Ponte esto que te queda mejor…" Y ella, no sé si es por llevar la fiesta en paz, pero se lleva de mí.

En ese momento, la madre de la primera –protagonista de la historia- una entre dos o tres ajenos a lo que allí se debate, y a la que le tocó de manera muy directa, se dirige a mí, plena de satisfacción:

-¡Qué bueno que las niñas están tan entretenidas, de lo contrario, la mía se desespera hasta el pataleo, cuando tenemos que esperar dos o tres horas para ver el doctor. A veces he llegado al extremo de irme sin consultar, porque no hay quien la aguante cuando decide algo. Me costará invitar a su amiga cada vez que tenga una cita.

Mi reacción fue empuñar el disimulo que es la mejor manera de salir de apuros como esos, porque no puedo entender que esta hija no reconozca que su madre habla perfectamente el idioma de la responsabilidad y del trabajo agotador con que el que la está echando adelante. Dándole lo que ella considera que es lo mejor, y además como madre soltera no ha solicitado ningún tipo de ayuda para cumplir con lo que ella considera su única responsabilidad, por lo que merece que se le celebre con mucha pompa no solo el día de las madres, sino también el día de los padres, mujeres para las que debería ser dedicado un día especial. "El día de la madre soltera".

De leer esta historia, dicha muchacha sabría a quienes me refiero, pero ni le interesan los asuntos hispanos, ni lee y escribe español. La madre -quien murió hace algún tiempo- ingenuamente prefirió que su hija estudiara en ingles solamente. "Ella aprende el español en mi casa" fue lo que le dijo a la maestra, el día que la registró en la escuela.

La madre inconscientemente preparó ese caramelo que por buen tiempo tuvo que chupar, porque como hacen muchos hispanos, no permitió que su hija tomara clases de español en la escuela. Porque el valorar los orígenes, entre ellos, el idioma nativo, va de la mano con el respeto al núcleo familiar, al ser humano en general, y a la patria.

EL CORAJE DE JULITO

Por una razón o la otra, existen malos entendidos, entre "los ausentes" como les llaman en mi país a los que emigran, y los que se quedan, -"Los presentes"- como los he nombrado para distinguirlos en estos escritos, sin querer convertirme en defensora ni de un grupo ni del otro, porque de los dos soy parte tan activa, como lo es la célula en el cuerpo humano.

-Sucede en una fábrica de carteras para la cual trabajé como empleada del mercado laboral en mis primeros años de emigrada. Se acerca la media hora del almuerzo, tiempo que debe alcanzar para desentumir las piernas, comer, visitar el baño, tomar alguna pastilla, dar una conversadita, comprar algún artículo que siempre está vendiendo algún/a compañero/a. Pagar el dinero de algún san, y hasta jugar un número por compromiso a alguien de los que siempre andan rifando algún artículo.

En un momento de esos, Julito, empleado de limpieza; muchacho amistoso, dinámico, muy solidario y por demás chistoso; un comediante natural, podría decir, porque hace reír al/la más introvertido. En ese momento tararea una canción de manera tan desafinada, que molesta a los oídos de quienes lo escuchan. Diferente a otros momentos que canta con tanto entusiasmo que contagia.

Voy siguiendo con la vista cada paso que da Julito mientras recoge basuritas y asea los cachivaches de la comida, porque lo noto raro. Más adelante entra a su oficina, cuyas paredes son los racks de trabajo terminado; el asiento, un cubo plástico del aseo boca abajo, y su equipo: una cubeta, una escoba, un mapo tan grande como pesado, que lo mantiene agarrándose la cintura:

"Mi pueblo ya no es mi pueblo, es una ciudad cualquiera, con los edificios altos y con grandes carreteras". "¡Aunque todo este muy belloooooo! ¡Yo lo quiero como eraaaaa…!

-¡Estas bronceadito Julito! -¿Cómo te fue por allá?-

-¡Nada! -¡desencantado! Creo que este fue mi último viaje al país.

-¿Cómo así Julito?

Mientras habla, va colgando de un gancho la mochila con los utensilios de la comida ya limpios y secos, para luego aprovechar el par de oídos que se les ofrecen, en donde vaciar su frustración, pero primero:

-¡Le traje algo!

¡Oh sí! ¡Gracias! le digo y tomo el pote de dulce de naranjas en almíbar que me extiende. –"Las manos que reciben" Refrán reescrito a mi manera.

"Tenía tiempo que no dormía bien, planificando cada paso que iba a dar en el mes que nos íbamos a pasar en la patria, –porque viajé con la familia- Comienza Julito-

Ansiaba beberme mi pueblo metro a metro, sin dejar vereda ni callejón. No había vuelto desde hacía diez años, por cuestión de los papeles, y no era deseo sino hambre canina de pisar mi tierra, de ver mi gente, de despegar un mango de la mata y tirarle piedras a los limoncillos, para ver cuando cayeran desgranados al suelo, y ver dos o tres muchachos matándose por colectar la mayor cantidad, y empatarme la frustración que me causa cuando llamo al país y me dicen que la mata esta gachita, y que los mangos están cayendo pintitos. Por eso, cuando bajé del avión, me arrodillé y en nombre de la tierra, besé la pista de aterrizaje- que yo pensaba que iba a morir sin volver a pisar.

¡Es cierto lo que dicen, que por allá la droga los vuelve locos!" Murmuró entre dientes uno de los empleados del aeropuerto quien con una banderita en las manos, le daba la bienvenida a los recién llegados. Por desgracia lo escuché porque tengo oído de murciélago, y aunque me molesté, no dije nada, pero deseos no me faltaron de bombearle una trompada directo al cachete que le desencajara la quijada, y dejarlo tendido, por abusador. Luego la rabia por no desahogarme, fue premiada por un grupo que más adelante nos recibía, con un picante perico ripiao, a güira y tambora.

Usted es testigo de que yo aquí mencionaba ese viaje diario, ya que pensaba que el hacerlo recortaría la espera porque la ansiedad me estaba matando, tanto que la supervisora del piso me aconsejo tomas unas pastillas para el sueño, porque luego me estaba cayendo en el trabajo; las tomé sólo por esos días, porque yo, con eso no fuño, porque no quiero enviciarme como está la mujer mía, que si usted la mueve, suena como maraca de tantas pastillas que ingiere.

-Entonces, explícame la causa de tu desencanto Julito, porque todos regresan eufóricos, contando detalles de cada experiencia, enseñando fotos y videos, y describiendo con lujo el último suceso. Yo soy una que me paso los primeros días hablando del viaje.

-Bueno, porque sencillamente, el pueblo que una vez me dolió dejar, ahora me recibe como a un extraño, haciéndome sentir que ya no pertenezco a ese medio. "El que se fue para Villa, perdió la silla" Así me hicieron sentir. No importó que me esforzara lo más que pude por demostrarles que era yo, Julito, el mismito que viste y calza. Yo mismo, el hijo de Altagracia y Casimiro, gente conocida por todos en el pueblo. El que salió más enredado que una bobina, debiéndole a cada santo un real, con una mano delante y otra detrás para tapar las vergüenzas, y salir en busca de mejoría, con la diferencia de que ahora, aunque no soy rico, solo le debo a Dios la vida.

Fíjese, después de lo del aeropuerto, fue la contrariedad que sentí con las recomendaciones de mamá el primer día, cuando intenté salir a dar una vuelta:

-"Julito, llévate de mí muchacho. No te valla solo; espera que llegue Narciso que ya está oscureciendo" "No te desesperes que ya el llamó que viene por ahí.

No me diga Mamá que usted llamó a Narciso para que venga a buscarme; yo quedé de juntarme con él donde tía Lala. "No, esto es lo último"

¡A cuidar el niño! "Usted me está relajando mamá. Esto es el colmo que yo necesite compañía para visitar los vecinos. Es ahí mismo donde tía que yo voy. Yo siempre salía solo a cualquier hora para el poblado y lo único que agarraba era una piedra para asustar cualquier perro"

Tú lo dijiste Julito: Saaalía, pero los tiempos cambiaron. Ya no es igual.

Óyeme Julito, por si te sirve de algo. –Intervengo- Hay un síndrome que experimentan los ausentes, los primeros días en el país. Quizás eso fue lo que te pasó a ti. Yo lo he vivido, y otras personas me han confesado lo mismo. Es algo difícil de explicar. Se siente raro hasta que pasen dos o tres días y te adaptes al cambio, principalmente cuando se tiene mucho tiempo fuera como tenías tú. Cosa que los presentes le dan la interpretación que se les antoje: A unos les llaman bribones, a otros indiferentes, o que no se acuerda cuando andaba muerto del hambre...Sientes el cambio hasta en el horario de las comidas.

¡Doña, yo respeto su opinión! -Me interrumpe- Pero yo pasé tantas incomodidades que usted no se imagina. Hubo momentos en que quería cambiar el boleto de regreso para más temprano, aunque tuviera que pagar por el cambio, después de tanto afán por ese viaje. Si no hubiese sido por mamá, le juro que rápido hubiese dado una vuelta en U. Es más, para volver lo voy a tener que pensar. Por eso voy a comenzar a trabajar con el viaje de la vieja para traerla conmigo, y aunque me duela, voy a dejar la puerta del país cerrada con candado para siempre, y tirar la llave al mar con todo y pasaporte.

-En ocasiones he escuchado esa frase de una que otra persona, por las mismas circunstancias, y si tienes sentimiento, te duele hasta en lo más profundo-

-¿Tanto así Julito? -Le digo- Entonces entiendo que la situación es seria y decido cerrar el pico y escucharlo hasta el final, sin interrumpir.

-Cuando confronté esa esa realidad, quise quedarme en mi casa, y participar menos, pero tampoco quería sentirme derrotado.

Duele que te traten de: "el americano" después que por allá te hayan tratado de: "el inmigrante" "el hispano" ¡Que maldita vaina!

Que te traten diferente a cuando estabas pidiendo a luz por señas. Que te vendan más caro, y hasta te extorsionen cuando haces cualquier negocio, o cuando usas servicios tan importantes como los médicos-como me sucedió cuando se me enfermó la niña.

-¿Que te paso con eso? Le pregunto.

El caso es que mi esposa y yo estábamos desesperados por salir porque la niña tenía muchos grados de fiebre, pero había que esperar que doña Julia —mi suegra- terminara con el rosario de recomendaciones:

-"¡Oye Mariíta! recuérdate de no decirle al doctor Hernández que ustedes vienen de nueva york; dile que fui yo que te recomendé, porque luego te saca un riñón y la mitad del otro"

En la iglesia encontré un grupo de gente como niños cuando llegan vecinitos nuevos. ¡Tú no vas a jugar! ¡Ese puesto es mío! Formando una valla de seguridad tomados de las manos para no dejarme pasar, como estaban los discípulos cuando andaban con

Jesús, tratando de no darle paso a nadie, en cambio el maestro que sabía muy bien en lo que andaba, les decía continuamente: "Déjenlos pasar" A los niños, a Zaqueo, a la prostituta…porque sus discípulos no habían entendido el mensaje.

¿Qué le parece? La otra fue doña Juana, cuando la fui a visitar me sale con que: "¿A po te acordaste? Yo creía que uno se le borraba a ustedes de la mente con sica e' gato"

Usted es testigo de cómo me mantengo yo aquí en este lugar, mencionando cada detalle de las cosas que sucedían en el vecindario, sin olvidar a nadie.

A ella misma: Doña Juana, la imagino siempre frente a la estufa, preparando el café, y yo ahí sentado esperando mi chin. Y no es que me he olvidado por completo porque aunque sea en navidad, como los pavos, siempre digo: ¡Glo! ¡glo! ¡glo!

También doña Fela la vecina cuando fui a saludarla me tiró una cubeta de agua helada en la cara, que se me fue por los sentidos, y hasta catarro me dio cuando hizo este comentario: *"Yo escuché por la noticia que a ustedes los están sacando de allá, como a gorgojo de higuera de frijoles, porque ya no los quieren" "Eso era antes cuando estaban construyendo ese país, que a ustedes lo querían allá para levantar la economía." "Yo si me alegro" Ojalá no quede uno, nada más por estar tumbándoles el polvo a los gringos. Nosotros nos quedamos aquí y gracias a Dios, no nos hemos muerto"*

-¡Dichosa usted doña Fela que no tuvo la necesidad de emigrar -le dije solo por respetarle las canas- pero ella no se dio cuenta de que me metió una puñalada, porque yo, aunque tenga ya gracias a Dios, mi tarjeta de residencia, me siento aludido cada vez que deportan un inmigrante de cualquier raza por documentos, por la zozobra en que viven los indocumentados, porque en esa situación, uno no e' gente, por el miedo y la discriminación que se siente. Algunos de esos deportados, no tienen ni siquiera casa ni familia en su país en donde regresar, porque vendieron todo por el viaje, y tienen hijos que adaptados a otra cultura. Portarse de esa manera con el ser humano demuestra falta de caridad. Eso es lo que a mí me desencanta, y aquí entre no, es la que siempre ocupa el primer banco en la iglesia, porque según aparenta, es uña y mugre con Dios.

¡Oh no! deja eso Julito. No te dañes tú mismo con eso, que ella tiene que dar su propia cuenta.

-A mi mujer también le tocó su zurrapa, cuando la ahijada al otro día volvió a besarle la mano:

-*Madrina, parece que a Mami no le gustó lo que usted le trajo, porque dijo: "Mira lo que me vino a traer mi comadre, un trapo 'e blusa" yo la tiré por ahí en la misma bolsa que me la pasó pues esas aquí ya ni se están usando. Es más, se la voy a regalar a fulana para que no se pierda"*

"A mi si me gustó" "mire que bien me quedó" Expresó la nueva dueña.

Decirle eso a mi mujer que se pone lo primero que encuentra, se use o no, y cuyo único comentario fue: "Yo disfrute el placer de regalársela; allá ella" La alegría de estar en la patria supera cualquier desprecio.

Y conste –agrega Julito- que para entrar la ropa que le trajo, tuvo que sacar unas cuantas piezas propias, porque con las malditas cincuenta libritas que permiten en una sola maleta, le cortaron a uno el agua y la luz, ya que tuve que pagar cuarenta dólares por la segunda maleta, y oí en las noticias que próximamente van a cobrar por el por el bulto de manos" juro que un día de estos nos van a cobrar por el aire que respiramos afuera, ya que de paso por el que respiramos dentro del avión pagamos muy caro.

Qué bueno que tu mujer lo tome de esa manera –le digo- Yo creo que tú deberías hacer lo mismo Julito. Total, es lo mismo que dice tu mujer. No les hagas caso porque al fin vale más el descanso y el placer de estar en el país, que cualquier comentario nocivo de la gente.

Pero ¡qué va!, Julito continúa como caballo desbocado, y con estilo de chismoso graduado, le da un tono femenino a su voz, acompañado de actitudes con la boca y las manos, tanto que para imitar a sus ofensoras femeninas, parece homosexual, y conste que es muy macho el muchacho.

-"El primo –dice Julito- fue otro que me llegó hasta la coronilla cuando me dijo: Pues yo no voy a saludar a nadie que llega porque luego piensan que uno va a pedirle". "Yo espero que vengan ellos a saludarme a mi" Vean que desgracia. Entonces fue cuando no pude amansar el tígüere dominicano que se me encaló como un muerto, y me regué de manera tal, que tuvieron que recogerme con palas.

¿Usted recuerda la marcha para pedir reajuste de las leyes migratorias que organizó Ydanis frente a la alcaldía ahí en Manhattan? Ese día llamé al trabajo para usar uno de los días pagos por enfermedad, y allí estaba yo apoyando los indocumentados, aun teniendo ya mis papeles. Y como yo había muchos residentes y ciudadanos. Cuando estábamos ahí, lanzando consignas, escuche de un hispano que pasaba por la acera, decir: "Yo no sabía que había tantos ilegales en Manhattan" Pobrecito, lo que él no conoce es de solidaridad y amor al prójimo. "Hazle a otro como quiere que te hagan a ti".

Entonces Julito, ¿no disfrutaste de nada? Le pregunto porque su situación me está preocupando.

Claro que sí, disfruté junto a los que me ven de cuerpo entero, como era y como soy. De perfil, por delante y por detrás. Esos que hacen que esos días de vacaciones tengan el sabor que uno quiere sentir por medio de un apretón de manos sincero; de un abrazo de oso con palmadas en la espalda. Gente que se reúne contigo para renovar recuerdos, compartir veladas, asistir a la iglesia, al cine, a la playa; apoyar manifestaciones, visitar enfermos y cumplir en velorios.

Aprovecho el último minuto antes de que suene el timbre para la faena de la tarde, satisfecha de que Julito encontró algo bueno de la gente de su pueblo, aun así intento inyectarle ánimo, porque sus puntos parecen tener mucho sentido.

-¡Oye Julito! Siéntete orgulloso al haber enfrentado el reto de dejar tu tierra y salir adelante sin perder tu identidad, ni permitir que se te subieran los humos a la cabeza, ni dejaste que otra cultura empañara la tuya. Mantuviste tu honestidad y sentido del trabajo, sin meterte en nada ilícito. Porque déjame decirte Julito, los presentes a veces tienen razón en actuar de esa manera porque llegan algunos ausentes que pretenden aplastar con su presencia, pero date cuenta que no es la mayoría.

Reconoce que eres un héroe, porque nada melló el amor por tu patria y tu gente.

Te fuiste porque muchas cosas te obligaron a ello, entre ellas, las potencias históricas y contemporáneas que han escarbado las riquezas de tu tierra que eran la zapata de una isla cimentada en oro, y techada con miseria, hechos que la tiene tambaleándose, casi al derrumbarse si no encuentra un doliente que le adapte un par de horcones que la sostenga de pie. Horcones que se construirían con gobiernos que preparen bien el asunto para que tengas ese trabajo con sus beneficios correspondientes, en el alero de tu casa.

Entonces Julito, ya que tienes tus papeles, ¿Volverás el año que viene?

Julito, escondiendo con las manos una pícara sonrisa expresa: ¡Y quien va a dejar de ir!

¡A bueno! Exclamé complacida ya de espaldas camino a la máquina.

EL COMPROMISO

Uno de los servicios que intercambiaban los ausentes años atrás, era enviar a mano dinero o cualquier paquete a sus familiares en el país. Luego la nueva tecnología con sus agencias de envíos de dinero de manera electrónica, las agencias que trasportan cajas y paquetes, los cargos por libras extras, y el requisito de una sola maleta, dieron al traste con el gesto de solidaridad.

Presentando un cuadro agónico, el paciente recostado en un mueble de la sala, está a punto de dar el salto mortal a la otra vida, porque tiene sudor frio, mirada de vidrio, piel papel de traza y respiración dificultosa, lo que de repente tiene la familia envuelta en ajetreo.

Haciendo un esfuerzo extremo, el enfermo levanta la mano derecha, y señala el pie del mismo lado.

¡Está pidiendo el suelo! Asume la sobrina, y cumpliendo con lo que ella considera es el sagrado y último deseo del enfermo, separa la mesita de centro, después de quitar con cuidado el jarrón y los cristales, y tomándolo por un brazo pide ayuda para bajarlo.

¡No! ¡no! Esto es cuestión del doctor Martínez, expresa la madre y dueña de la última palabra, quien camino a su habitación para procurar la cartera, murmura: ¡Entremetía! *Argumento que sin consentimiento de la dueña, se salió de entre las paredes de la habitación.*

El carro que lo transportó desde el aeropuerto "Las Américas/ José Francisco Pena Gómez" hasta el Cibao, causa del largo viaje, tiene sobrecalentado hasta el sonido de las bocinas. Los planes al momento son de ponerlo de nuevo en marcha y salir con el enfermo hacia la clínica, es cuando el primo –chofer que lo fue a recoger, y sobrino también de la casa- exclama:

¡Déjeme chequear que es lo que tiene el pie!

¡Qué vas tú a saber muchacho! ¡? ¡¿Desde cuándo tu eres medico?! ¡Tú lo único que sabes es de carros y hacerle perder tiempo a la gente. Dice la tía y madre del enfermo, cuya antipatía natural, ha subido de grado con el atareo del momento, sin tomar en cuenta la solidaridad de los familiares: ¡Nos vamos! ¡Nos vamos! ¡Dense rápido! ¿Tú no ves que ese muchacho es malo que está?

¡Espera tía! ¡Aquí hay algo raro! ¡Este pie está caliente! Tiene temperatura más o menos en cien; es quemándose que está. ¡Ven para que veas! Diagnostica el primo sin uso de termómetro, y sin hacerle caso al boche, -porque además de primo, son mejores amigos, entonces le sube el pantalón, y le baja la media.

La prima también expresa: ¡Es verdad! ¡El pie está morado y negro con betas rojas! ¡Venga a ver tía! ¡Cooorra! ¡Esto está feo!

¡Es por eso es que yo digo que a veces los intrusos hacen falta! Comenta la sobrina, mirando la tía fijamente a la cara. ¡Vea! ¡vea lo que hay aquí tía!

Una página con la lista de nombres y el paquete de dólares están sujetos con gomitas al tobillo, encabezando la lista: -**$500.00** de mamá. **$80.00** son del primo. **$300.00** para la construcción de la parroquia...y la lista continúa. La ilusión de ver su familia le había hecho olvidar su compromiso.

La sangre está detenida porque una cintura ha dividido la hinchazón.

El primo desprende con cuidado los encargos, y el respiro de alivio del paciente es seguido por un largo bostezo.

¡Hay que internarlo inmediatamente!

Dice el doctor Martínez seguido lo vio. Al mismo tiempo le extiende una receta a la enfermera: No hay tiempo que perder, dale una toma de ésta, e inyéctale ese potecito entero, ¡pero rápido!

Después de unas horas en que el doctor permanece en los alrededores esperando alguna reacción del paciente dice: "Un minuto más hubiese con el pie ligado, habido que amputar, o hubiese muerto"

Todavía está hablando cuando de repente se escucha: "! Doctor, me tengo que ir!" "Es que tengo que resolver un compromiso". "Debo entregar un dinero!"

Todos ríen satisfechos.

CAMINO A UN SUEÑO

La persona hace lo que escribe en su mente, por lo tanto hay que ser muy cuidadoso con lo que allí se imprime. Cuando inicio la fiebre de los viajes, a los que llamaron: "viajes por la izquierda" muchos fueron estafados de maneras ridículas. Hubo a quienes les dieran un paseo en avioneta, aterrizando en cualquier lugar dentro del país. Pero de todos los intentos, uno que otro llegaba a su destino por cualquier vía, sirviendo de motivación a los aspirantes a salir a como diese lugar.

Salir adelante en un momento crítico es de campeones, como es el caso de nuestro protagonista, a quien le tocó emigrar en el tiempo en que encontrar una persona que hablara español, en la ciudad de Nueva York, hacia donde él emigró, a principios de los setentas, era lo mismo que buscarle una muela a la garza.

Uní retazos de su narrativa cuando le daba por cavilar, y una de esas cavilaciones se desarrolla de la siguiente manera:

Doy un salto desde la cuna, y caigo arrellanado en un trabajo, pasando de largo por la escuela, y de vez en cuando, dando una carrera en bicicleta por los predios de la universidad, cuando tenía que cumplir con alguna encomienda por esa área. De esa manera eché los dientes, y en esas se desarrolla mi niñez y adolescencia trabajando como un burro, sin haber abierto un diccionario para buscarle el sentido a la palabra entretenimiento, ni parque de diversiones, mucho menos juegos de niños. Luego de adulto continué saltando de un trabajo a otro, de pueblo en pueblo, hasta que en un salto de esos, a escasos veintitrés años de edad, comienzo a formar una familia.

Pasa el tiempo, y llegando a los treinta es cuando caigo en la cuenta de que estoy trabajando solo para estar cansado, por eso comienzo a buscar otros horizontes.

Con estaño derretido, se me suelda a la mente la idea de emigrar a los Estados Unidos a como dé lugar. El trabajo que tengo provee lo esencial a la familia, por lo que la fiebre del viaje continúa subiendo de grados, por eso me mantengo averiguando con personas que tienen el mismo propósito.

En conversación con un conocido me entero de que en un pueblo del Cibao, hay un señor que tiene conexiones en el consulado y está consiguiendo visas de paseo por cierta cantidad, y en seguida mi ansiedad lo convierte en un Cónsul verdadero.

Un día de esos, el conocido después de ponernos de acuerdo, en día señalado salimos en búsqueda de dicho señor, y en la primera entrevista, después de hablar de precio, le entregamos la mitad del dinero que exigía, y nuestros pasaportes sin pedirle ningún recibo. Así éramos de ingenuos.

La abultada cantidad requerida nos pareció ínfima, con lo que significa dar el salto a la prosperidad. Al siguiente día salimos de madrugada, plenos de esperanza hacia el consulado americano en la capital, porque el sujeto nos estará esperando para entregarnos los pasaportes visados. Me siento liviano porque la realización del sueño de "echar pa'lante" está a la puerta. Estaba tan confiado que busqué dinero prestado con mi patrón no solo para el viaje, sino también para dejar algo a la familia, y volar con algo en el bolsillo. Cinco centavos era la diferencia del dólar sobre el peso y así mismo lo cambie a dólares para no salir pelado como un plátano.

Cuando arribamos a los predios de la oficina consular, todavía era de noche, y apenas podíamos vernos la cara. Nos instalamos en la cola de una fila que de tan larga por poco le daba la vuelta a la cuadra, en medio de una ligera llovizna que parecía caer suavemente solo alrededor de las lámparas de los postes del alumbrado, donde revoloteaban mariposas tan eufóricas como mi compañero y yo.

Se sumaba a nuestro entusiasmo, la rojizas chispas que tiraba un anafe cuando las gotas de lluvia caían sobre las brasas al otro lado de la calle, donde una señora prepara café para vender. El vocero del consulado es representado por un señor mayor, alto y delgado que va y viene del principio al final de la fila, con tan alto tono de voz, que no hay volumen de micrófono que lo supere:

¡Las visas de turistas de este lado, pasaportes; y carta de banco en manos!

¡Las residencias de éste! ¡No son permitidas armas de ninguna clase. ¡Chequéense los bolsillos!

Son las siete de la mañana, cuando de la nada sale nuestro cónsul privado, muy emperifollado, con sonrisa de novia que tira el ramo, y nos extiende la mano con cortesía. Mi compañero y yo, nos ponemos cuadrados del orgullo. ¡Qué privilegio! ¡Pocas personas de las que están aquí lo tienen y quisiéramos anunciárselo de tan alborozados que nos sentimos, por esa razón le extendimos el sobre con el dinero restante, para proceder con el caso, según nos manifestó.

¡Ustedes no tienen que hacer esa fila, por Dios! ¡Síganme!
Nos dice.

Dejamos la fila y a los desventurados que la forman. Al pasar por la puerta frente al policía custodio, confirmamos que el hombre tiene lo suyo, porque pasamos como bala detrás de él, donde se suponía que debíamos ser chequeados como hacían con todos los que por allí debían pasar.

Tomamos asiento en la sala de espera porque seremos los primeros en ser atendidos, seguido comience la faena del día donde tendrá efecto la realización de nuestro sueño, y nos sentamos a esperar.

El día ha avanzado y nosotros matando el tiempo, haciendo cuentos con dos o tres que quedaban cerca. Algunos se paraban de vez en cuando para chequear el proceso y su turno, pero nosotros no teníamos que hacerlo porque lo nuestro estaba asegurado. Es cuando caemos en la cuenta de que el lugar está casi vacío y no hemos vuelto a saber ni del señor, ni de los pasaportes. Entonces dándoles sus señas, le preguntamos a un agente del consulado. Este nos dice que allí no trabaja nadie con esas características, y que los trabajos de oficinas están siendo cerrados. No pregunté más a tiempo, porque: "¿Que diantre voy yo a pensar que este pendejo es un traga lucio?" y parece que el muy sinvergüenza, espantó la mula temprano y se alzó "con el santo y la limosna" y a esa hora, ya tendría kilómetros de distancia entre él y nosotros.

De regreso, mi compañero viene como los pavos, caminando con el moco para bajo, en cambio yo, con la frente en alto, porque estoy tejiendo mi nueva trama. Al otro día caigo en la casa del estafador, porque había averiguado por entre manos su dirección, en caso de que tuviera que confrontarlo y dicho y hecho, sin ni un chin de grima, voy dispuesto a todo.

Me coloco un lengua e′ mime debajo de la camisa, y me planto en el mijmo frente de la casa, porque con lo mío no se va a quedar.

Cuando llega, casi a las cuatro de la tarde, seguro que después de estafar otro par de bobos, me mira y se convierte en un lagarto ya que el color le cambió a esmirriado/júpero/negro, porque mi intención se nota a leguas y acto seguido, me entrega dinero y pasaporte sin visar, sin darme tiempo a botiquiar una palabra. De seguro que no se deshizo del pasaporte para inventar otro truco. Luego se lo dejé saber al compañero estafado para que se defendiera el también, si así lo decidía.

En el momento en que lo confronté me tape prácticamente los oídos para no escucharme a mí mismo, porque en esas condiciones, hasta yo mismo me tengo miedo y estoy hasta asombrado de que no lo maté en el acto, aun así, mi intención era fajarle a planazos hasta que arara la tierra con los dientes pa' que respete los hombres, pero gracias a Dios que mi cerebro estaba programado solo para buscar la manera de salir del país, y no quería meterme en líos de justicia. Eso sí, las palabras que tenía taponadas en el cerebro tenía que dejarlas salir, o me explotaba, por eso lo rellené como morcilla. Le dije ladrón no sé cuántas veces, en su mismo vecindario. Prácticamente me lo tragué, como dicen. Lo puse nuevo y nadie salió en su defensa. De ahí en adelante, mi ofuscación me convierte en ave de corral buscando con el pico, otras salidas.

Era fácil conseguir una visa de paseo de manera legal. La mayoría la utilizaba para dar el salto a la gran oportunidad y quedarse. Mi intención es estar fuera dos años y regresar como el gran triunfador, idea que solo existe en mi mente, preparando los cocos sin haber parido la vaca.

SEGUNDO INTENTO

Salgo de nuevo hacia el consulado, intentando lograr la visa por mí mismo, acompañado de mí fe y de una carta de trabajo de mi patrón, como garantía de que regresaré. -Eso piensa él- pero yo no estoy en condiciones de salir de paseo, ni siquiera al pueblo vecino.

Me visan por tres meses, lo que se me hace demasiado tiempo, pues según yo, solo necesito un día, la cuestión es llegar, después yo me las averiguaré, pues según mis fe, *todo saldrá a pedir de boca.*

Cosa rara es que después de tanta lucha por la fuñía visa, al obtenerla no siento alegría, y se hace más compleja la situación al confrontar la separación indefinida de la familia. No encuentro el momento propicio para anunciárselo y ya tengo la fecha en la nariz, mientras que mi corazón patalea como un pollo al que le retuercen el pescuezo.

¿Cuándo conoceré la criatura que viene en camino? Quién sabe, pero " el que quiere moño bonito aguanta jalones" Entre tanto, en mis delirios disfruto desde ya de un vehículo propio, y de una casa con patio grande donde mis hijos jugarán con juegos de verdad, ya que ellos al igual que yo cuando era niño, los fabricaban de cualquier cosa. En momentos en que los veo vivir sus ilusiones, revivo las mías y busco darles lo que yo no tuve, asegurándome de dales lo que sí tuve: la herencia de hombre trabajador como lo fue mi padre.

Los días anteriores al viaje, tirado boca arriba en la cama me voy al futuro en pensamiento, observando un escenario que no es más que retorcidas varas de madera y antipáticas hojas de zinc que habían cumplido su misión en otra casa, y por las troneras heredadas de otros clavos, salían a viajar mis ilusiones, obligándome a mí mismo a entender que estas son cosas *de "Un hombre con los pantalones bien puestos"* que *"Tiene que hacer de tripas, corazón"*

El día de la salida, siento un malestar tan grande que me oprime el pecho, y haciendo un gran esfuerzo, me decido a dar el paso.

Cuando se produce el aterrizaje en Nueva York, es de noche. El toque de las ruedas del avión a tierra, impulsa a los pasajeros a un estruendoso aplauso que me parece una manera diferente y bonita de orar para darle gracias a Dios por el vuelo feliz que hemos tenido, por lo tanto me uno al aplauso.

"¡Pueden desabrochar sus cinturones!" "¡Hemos aterrizado en la ciudad de nueva york"! Seguido miro por la ventana para ver de qué color es, y alcanzo ver una alfombra de pana negra poblada de luces amarillentas que recarga las baterías de la esperanza.

Cuando el aparato termina de estacionarse, el arrebato de los pasajeros presurosos por bajar sus bultos de los compartimentos y salir primero por el estrecho pasillo, no se hace esperar. Algunos dan la impresión de quererse subir por encima de las cabezas de los que van delante; tal es el ansia de encontrarse con los seres queridos que los esperan. En cambio yo espero con paciencia, porque no tengo a nadie esperando fuera, pero el empuje de los que van detrás me mete en el lío.

Voy siguiendo los que van delante y al llegar al área de chequeo, me agrego a la fila de los turistas -según me indicaron- quienes en ese tiempo viajaban con cierta particularidad, porque: *Al pasajero se le conoce por la maleta* y aunque siempre he vestido pulcro y tradicional, parece que mi aspecto es una alarma para el inspector que está en la ventanilla, porque sus ojos sobre mí, son los faroles de un carro apostado al fondo de un callejón oscuro, en plena madrugada, pues le resulto muy sospechoso, supongo yo.

Next, next, next. Uno por uno se va acercando. ¡Qué coincidencia! Todos tienen el mismo nombre. Luego cuando me llama de la misma manera, entonces aprendo que next es el próximo. Así se te va pegando el enredado idioma: palabra por palabra, y ya yo agarré una como lagarto atrapando moscas.

La figura de poste de electricidad blanqueado; de ojos azules; barba y cabellera de oro; panza de Santa Claus, y piel de ratón recién nacido, me pide el pasaporte; lo abre, lo hojea, y me manda a poner en remojo. Con cada segundo que pasa va creciendo el nerviosismo, porque soy una vela derritiéndose hasta quedar en el pabilo, y todos se me miran como a un extra terrestre.

¡Que me mira! Es lo que me da voluntad de decirle a cada uno. Al terminar con el último, el hombre de la ventanilla, me hace una seña.

Me acerco cargando con una mano el bulto y con la otra el tiquet de vuelo dentro del pasaporte. Por pena o por caridad un señor sale de la fila y se acerca para servirme de intérprete, pero yo me adelanto y digo: ¡Gur moni! Al señor de la ventanilla.

No me contesta, y enseguida comienza el interrogatorio. La inseguridad me hace gaguear, pues no se con lo que me clavo yo mismo el cuchillo. No me había orientado antes preguntando, para que no me azarearan el viaje, y me jodí.

Recordando las preguntas más o menos a cuarenta años de distancia, eran de esta manera:

¿Su viaje es de placer o negocios?

¿Cuánto tiempo piensa pasar en Los Estados Unidos?

¿Tiene familiares residiendo aquí? ¿A qué dirección va?

¿Cuánto dinero trae consigo?

¿Cómo se llama la persona que le está esperando ahí afuera?

¡Nadie! Dije ya incómodo y hastiado de tantas preguntas.

Estoy enredado en las ramas de un bejuco, aunque creo que no he cometido ningún delito, ya que veía los gringos entrar a mi país, como Pedro por su casa.

Desde ahí soy devuelto a un avión, custodiado por un señor uniformado. Sólo contaba con el pasaje de entrada, siendo este, pienso ahora, el error cometido. Todo el mundo se fija en mí. ¡Qué pique!

"A ése lo cogieron asando batatas"

El avión está vacío y tengo que esperar a que se llene de paisanos que viajan a la isla para las navidades. Con cada uno que va entrando se va armando un puro gallinero, encaramando bultos y: pásame ése, ponlo aquí, abre la… muchacho ven pa'ca. ¿Dónde está el 8 C? ¡Míralo ahí en tu nariz! ¡Ta ciega! ¡Tienes el número en el boleto! Yo quiero la ventana. ¡Señor! ¿Me puede cambiar el asiento? Mi niña quedó del otro lado… ¡Gracias! ¡Muchacho, dónde pusiste los chicles porque el avión me deja sordita.

Quiero mandarlos a callar a todos de una vez, pero nadie tiene la culpa la tormenta que me abate. Es cuando la tripulación avisa que se sienten y se abrochen los cinturones. ¡Gracias a Dios! Por poco exploto.

El avión comienza a moverse y yo agarro con fuerza de los brazos del asiento ayudando al piloto a manipular la situación. Cuando comienza a subir observo una señora santiguándose y yo hago lo mismo. Entonces miro hacia abajo y las casas de los alrededores se van convirtiendo en cajitas de fósforos.

La nieve que solo la había visto en fotos me trae el frío de la desesperación al mirar mis sueños convertidos nuevamente en humo, sumándole la pesada deuda que no sé con qué voy a pagar.

Los rostros de mis hijos aparecen de vez en cuando como celajes, y me quiebra. Me estoy volviendo loco, porque las ventanillas se me antojan altares, y los santos son mis acreedores de los cuales, al único que puedo visualizar es a un amigo quien con su cara bonachona, saca un brazo tan largo que llega hasta mi asiento, y dándome unas palmaditas en el hombro, dizque me dice: *"No te preocupes viejo que "aquello" se resuelve cuando se pueda, lo importante es que estamos vivos"*

Agradezco su nuevo gesto de amistad, y afianzo mi creencia de que existen amigos legítimos, porque la mayoría resultan estar hechos como casi todo en la actualidad: reciclables, y se quiebran y se sumen y de un momento a otro se convierten en desechables, y... desaparecen.

Los ronquidos de oso de la compañera de asiento, y los gritos de un niño en el asiento de atrás, junto con mi fracaso, no me permiten conciliar el sueño, y en esa vaina paso la travesía.

Cuando de nuevo piso tierra dominicana, mi vida está sin brújula, y tomo ruta hacia la casa paterna, a unos treinta y cinco kilómetros, lejos de mi esposa y mis hijos. Necesito tiempo para pensar, pues en este momento no tengo respuestas ni para la familia ni para nadie. Allí me convierto en un ermitaño, sentado a la sombra de un cafetal cobijado de guamas, tamarindos y jaguas, árboles que se confabulan para ayudarme a rumiar mi frustración, y que nadie venga a hablarme mierdas que no estoy para nadie.

Me entretengo observando el rojo de los granos de café, y el amarillo de las mazorcas de cacao, bombillos color de sol que tienen sus raíces en la finca que guarda las huellas recientes de las heroínas asesinadas por la tiranía. Veo sus celajes como cuando las veía caminar por ahí, cuando trabajaba esas tierras. -Se me va a volver loco el muchacho, decía con pesar la madre-

Juego a las escondidas con la depresión que me sondea.

Durante tres largos meses de encierro, mi esposa e hijos me visitan de vez en cuando, y en una visita de esas siento que su cercanía me devuelve las ganas de seguir adelante. Es el gusanillo motivador, a quien yo le había rezado los credos, pues jamás me había vuelto a tentar, pero él, vivito y coleando, decide continuar su tarea: *"Lo intentaré de nuevo"*

Entre tanto se comenta que he olvidado familia, porque todos suponen que estoy en Los Estados Unidos y no se ha visto por los alrededores el cartero con los sobres blancos ribeteados de rojo y azul, ni al mensajero, entregar ningún envío a mi familia, razón por la que para algunos resulté ser mal padre, estafador y mal amigo, por aquello que elegantemente define la autora dominicana, Ángela Hernández: La guerra verbal de los vecinos" para ponerle un paño encima a la espinosa palabra "chisme"

Esto así, porque a tres meses de mi partida, no se ve señales de bonanza por ningún lado. Esos comentarios me mortifican, pero la esperanza me conforta, por eso continúo afanosamente en la fábrica de mi sueño. Continúa…

TERCER INTENTO

El viajar de manera ilegal ha sido intentado por algunas personas, dos, tres, o más veces, perdiendo mucho dinero en cada proyecto. Conocí una señora de mi pueblo que lo intentó doce veces sin resultado hasta que lo logró la decimotercera.

Nuevas deudas contraídas ahora por mi esposa, hacen que llueva sobre mojado. Con ese dinero, compro un pasaje para Curazao, de ahí otro hasta Aruba allí, y otro hasta Colombia, pues no se necesitaba visa para viajar a esos países.

En Colombia me uno a un pollero que organiza un grupo que saldrá hacia Méjico; El proceso me toma dos meses justos. Luego en Méjico pasa otro mes esperando por otro pollero que está preparando viaje hacia Los Estados Unidos. Durante ese tiempo, paso hambre porque tengo que economizar el poco dinero que me queda. Así es que voy de país en país sin disfrutar de sus bellezas pues solo el cascarón del cuerpo me acompaña; las emociones están inactivas, presionadas por la expectativa de lo incierto. Los compañeros de viaje, enamoran las mujeres y hasta uno que otro abuso sucede; en cambio, el ser víctimas de las mismas circunstancias, me causa cierto sentido de familiaridad, y las veo como a hermanas.

Después de tres meses de pesaroso camino, puedo llegar a Los Ángeles, desde donde vislumbro la meta pero hasta allí me alcanza el dinero, ya que mi meta es nueva york, por lo que paso muchísimo trabajo, y como si no fuese suficiente, cargo la única remúa encima, la que aguanta sudor tras sudor hasta que Dios disponga, tortura peor que el hambre, pues siempre he sido estricto con mi aseo.

No hago ninguna llamada esperando el momento cumbre para darle la buena noticia a la familia, pero con esa actitud solo aumento su sufrimiento porque pasaba el tiempo y los acreedores insistían en recobrar su dinero con la persona que menos podía responder en ese momento, y para completar el calvario, calculo que ha nacido la que viene en camino. Todo esto me atormenta, sin embargo me conforto pensando que luego la alegría de la buena noticia curará todo dolor. Sin que yo sepa nada, ya mi esposa había pagado las deudas vendiendo el terreno donde vivíamos, pues su padre, dueño del terreno, dice: *¡Yo soy pobre, pero no tramposo!"*

Al hacer una llamada a Nueva York, un amigo se decide a colectar dinero entre familiares y relacionados, y de esa manera puedo tomar el tren de los Ángeles a Nueva York.

Siempre he tenido la convicción de que el bien se multiplica así mismo como se multiplica y tiene consecuencias el mal que se hace. Más tarde me toca a mí darles un empujón a compatriotas que se quedaron igual que yo, a mitad de camino. Es la mejor manera de agradecer a las personas que nos ayudaron en algún momento.

Al arribar a Nueva York, mi primera parada es una villa donde encontré alojamiento y trabajo, pero mi meta no está completa.

Según supe luego, para ese tiempo, en las rodillas de mi esposa han crecido par de callos, porque amanece de rodillas, jalando a Papa Dios por la barba para que yo de señales de vida, porque cinco muchachos sin recursos no es paja de coco, hasta que por fin puedo hacer la esperada llamada, la que transcurre entre llantos y preguntas unas detrás de otras, sin esperar respuestas. Y bendición Papito es la frase más repetida en el emocionante momento.

Encuentro trabajo en un centro psiquiátrico para mujeres, donde me encargo del cuidado del jardín. La preciosa naturaleza pintada de variados colores, con el verde como marco, es prueba de que hay algo grande en lo que puedo poner mis esperanzas, pues no puede existir mano humana que fabrique tan indescriptible belleza. En tiempos de apuro, la fe florece como los jardines que allí se enseñoreaban. Calculé que había nacido la que estaba en camino.

Me sorprendió saber que no estaba en la cuidad de hierro, porque era más bien el oasis en medio del desierto, entonces me detengo a observar las pacientes; bellas jóvenes recostadas en una gigante alfombra de verde grama, bajo exuberantes árboles que proporcionan espesa sombra. Adormecidas por los medicamentos, observan un mundo que se le va de las manos. A veces paso frente a departamentos donde escucho gritos cuando las pacientes experimentan crisis.

Me miro al espejo y siento que en uno de esos departamentos es donde pertenezco, pues mi cabeza es un caos, y mis ojos covachas de jaibas en las riveras de un rio, ya que no duermo por las noches, a pesar de que me acuesto cansado. Estoy fuera de mis cabales y por momentos se me va hasta la razón; sé que necesito ayuda psicológica porque vivo la locura de chocar de repente con una cultura diferente, con un idioma más enredado que la cabuya, y de las deudas ni se diga, porque tengo más problemas que un libro de matemáticas, y aunque estoy en el lugar perfecto, porque los psicólogos, siquiatras y terapeutas se puede contar como los granos de arroz de un saco, sin embargo, el revelar mi situación, me mandaría por un tubo, porque debo estar equilibrado para trabajar en aquel lugar, además de que sumarle un enfermo mental más al sistema no es la mejor idea, pues tiene muchos y les salen muy caros.

Hasta ese momento, esas pacientes son la única presencia femenina en mi vida, deleitando mi vista, y alborotando mis instintos de hombre, pero si oso tocar una de ellas aun con su consentimiento, no sólo perdería mi trabajo, sino que me convertiría en carne de presidio.

Sin embargo, hay allí una de ellas que rompiendo el patrón de lo que sucede en esos lugares donde prevalece un silencio opresivo, en que nadie quiere compartir su mundo interior, de vez en cuando se acerca a mí en busca de conversación, no obstante, al final, todo lo reduce a una sonrisa porque nos separa la barrera del idioma. Así que mi única compañía es mi trabajo, los recuerdos, y el deseo de llegar a la ciudad de los sueños.

En una ocasión me dan -Lay off- porque el trabajo se pone flojo, ya que muchas pacientes se habían recuperado y habían salido. Aprovecho la oportunidad para continuar persiguiendo mi meta. Le pregunto a alguien afuera: ¿Cómo hago para llegar a Nueva York?

¿Miras en esa esquina la parada del Metro North? Cuando entres se te va a acercar un señor de uniforme; le dices ¡Marble Hill! Sales a la calle 225 y Broadway y ya estás en Nueva York; pero si buscas trabajo, lo mejor es que subas las escaleras que están al frente y tomas el tren #1 que va a downtown donde están las factorías.

Amable Gil, es como entiendo el nombre de la parada y así mismo le digo. El tren vuela y los nombres de las estaciones pasan como celajes. Minutos más tarde siento un toque en el hombro: "Marbel Hill, next stop" me la aprendo para cuando vuelva, y salgo del tren. Quiero abrir los brazos y cantar con Frank Sinatra: ¡New York, Neww Yoooork! Pero no, Ta'loco ete: dirán, por eso contengo la emoción. Respiro profundo para que mis pulmones absorban la ciudad, el aire la cultura. Miro al cielo y comparo; efectivamente, el mismo cielo, el mismo aire…las mismas nubes, pero… estoy en nueva yol, parafraseando a Luisito Martí.

Siguiendo las instrucciones, ya frente a la caseta hago señas con las dos manos abiertas indicando que quiero diez de las monedas doradas que están vendiendo para pasar. Cuestan veinticinco centavos. Había pasado el tiempo suficiente en aquel trabajo y ya podía visitar la oficina de desempleo para aplicar por colecta. Con ese dinero me hubiese desenvuelto hasta encontrar otro trabajo, pero que va, yo quería trabajar.

El tren #1 se detiene y tomo asiento. Mirando hacia afuera me pongo a observar los edificios; las calles y la gente alrededor de la calle 207, pero que sorpresa cuando de pronto el tren entra a un túnel oscuro en Dyckman, y a partir de ahí no vuelvo a ver el sol hasta la parada 125. La gigante culebra corre veloz, con su cha-ca-cha y en minutos estoy en la parada #59. Salgo por instinto, subo las escaleras, y salgo a la calle. Camino unas cuantas cuadras, sin saber hacia dónde dirigirme; y de repente me da por pararme en la esquina de la calle # 52 con la 7ma. Avenida. Enfoco la vista en un letrero con bombillos de colores que prendiendo y apagando, parpadean como diciéndome: ¡Léeme! ¡Léeme!: ¡Sheraton Hotel! ¡Sheraton…Hotel…She…

Despego la vista del letrero y me digo a mi mismo: *"Ahí voy yo a trabajar"*, No sé ni J de Ingles, pero si del trabajo ordinario al que estoy acostumbrado desde pequeño, y aunque fabricaba mis propios juguetes, no tuve tiempo de usarlos. Solo trabajo y trabajo.

Desde afuera el lujo es impresionante. El uniforme del guardia de seguridad lo había visto en películas, pero nada; me acerco y le digo: ¡*Trabajo!*

Con una seña me indica que pase a la oficina. A la secretaria también le repito: *¡Tra-ba-jo!"*

"No vacancy" me contesta, pero capta que no entiende, y repite: *"No trgabajo" C*omienzo a dar viajes todos los días, hasta que a la tercera visita el guardia le dice algo a la secretaria lo que yo imagino como: *"Aquí está el jodío hombre, otra vez"*

Me dan el trabajo, o llaman la policía porque no tengo otro camino. Entonces el guardia me hace señas para que lo siga.

-*¡Okay! ¡**You got it!** ¡Tienes el trabajo!"*. Me pide la tarjeta de seguro social, único documento que poseo, cuando no se necesitaban tantos papeles ni tarjetas de identificación. Solo deseo de trabajar.

Me colocan en mantenimiento. El próximo paso será conseguir habitación en Manhattan: -un cuarto- para acortar distancia. Entre divorcios y matrimonios me hago residente. El proceso toma cinco años para volver a mi país donde encuentro mis hijos crecidos, aun la que no conocía. Luego me hice ciudadano.

Trabajando en aquel hotel paso mis años mozos donde gané amigos, reconocimientos, manteniendo un record de buena conducta, sin ausencias ni tardanzas.

Después de veinticinco años, la hoja se voltea, porque mis jefes están más que deseosos de que me retire que yo mismo, pues ya no doy tanto como al principio, y el que tome mi puesto, tendrá menos beneficios.

Entro a trabajar allí, joven, buen mozo, delgado y en salud, y salgo a los sesenta y dos, feo, viejo, panzón y enfermo. Traje una trulla de familiares. Los muchachos estudiaron y continuaron la vida de trabajo, como yo lo había hecho. Uno de ellos entró a la milicia y hasta participó en una guerra, por gracia de Dios, regresando sano y salvo.

Luego me retiro a mi país, a descansar hasta que Dios disponga. Esta fue mi manera de lograr: "El sueño americano"

MI EXPERIENCIA

Aunque crucé la puerta ancha de la legalidad, mi experiencia migratoria se da como resultado de la historia anterior; sin embargo, si este no hubiese sido el caso, de igual manera hubiese escrito lo mismo, por lo que sufre la gente en esas travesías, los peligros a que se exponen y las vidas que se pierden.

-Con un golpe tan seco como el sello, después de darle una hojeada, el cónsul marca el pasaporte nuevecito que me había entregado Neto el día anterior, calientito, acabadito de salir del Huacalito, en la oficina de Santiago. Le garabatea la fecha: 10-feb-82- lo firma, lo cierra, abre la puertecita de cristal que tiene al frente y me lo entrega. ¡Welcome to the Unites States! En ese momento siento que estoy pisando suelo americano en mi propia tierra, y experimento algo raro.

¡ Thank you! Le contesto.

-¿Te visaron?- Me preguntan al salir a la sala de espera, donde siete años atrás un par de bobos se pasaron el día asiento cuentos.

La falta de expresión los deja sin la respuesta que esperan.

-No la visaron, deducen, porque debía salir brincando con los documentos al aire, y la boca esteriscada como goma de tirapiedras, como hacían unos cuantos. De plano estaba complacida, pero por naturaleza no soy muy expresiva.

Una carta de trabajo, la del reporte del banco y unos cuantos recibos de cheques presentables, quizás le evitó el tener que hacerme muchas preguntas. De plano no iba a ser carga para el gobierno. Camino al Cibao se revelarían los resultados a los que me acompañaron, de ahí en adelante tendrán efecto las despedidas. Compra de tickets de viaje, te dejo los zapatos de taco…

Viajo el mes siguiente marzo-2-82, y es casi mediodía cuando al llegar a mi destino desde el aeropuerto Kennedy, bajo del vehículo. Los demás se fueron a buscar estacionamiento.

"Es más fácil que llueva de abajo hacia arriba, que encontrar en Manhattan, estacionamiento en la calle" escucho en el camino.

Mientras voy subiendo un par de escalones que me llevaran a la puerta principal, levanto la vista para observar el edificio que tanto había imaginado. La puerta está cerrada y bulto en manos decido esperar, hasta que salga o entre algún/a inquilino/a.

El palomar gigante me traslada a las ilusiones de la niñez, cuando vivía en una cajita de fósforos, y alguna vez hasta llegue a expresar: *"¿Cómo se sentirá vivir en una segunda planta?" ¡Que emoción! Pero mi mamá siempre agregaba: ¡Y con qué fuerza se casa un guardia!" Yo no entendía el predicamento, ya que mi papá era agricultor —echa días— pero yo tranquila continuaba soñando y soñando, y no me hacían mella las escaseces, es más, ni me daba cuenta porque vivía feliz, manteniendo ocupada la imaginación con la ilusión de subir alto, sin hacer preguntas.*

¡Este tiene cinco plantas, y yo voy justo a la última! ¡Qué emoción! repito. Aunque lo visualizaba más colorido; algo así como las casas de mi país: color de naturaleza, donde se exhiben como en un jardín, todos los matices.

Unas palomas que se sostienen en las repisas exteriores de las ventanas, muy entretenidas se besan y hacen el amor de manera casi humana; por un instante les dedico una mirada, solo por poner mi atención en algo vivo, y sigo adelante con mi observación. Los ladrillos que cubren el edificio, tienen aspecto añejado, porque su rojizo natural ha sido alterado por el verde negruzco del musgo en algunos espacios, otorgándole una tonalidad cavernosa y lúgubre al complejo de viviendas. La soledad del vecindario, es el vivo retrato de la que consume mi interior, porque la cuadra de cajones simétricos es una tarjeta postal en vez de residencia de vivos, desvaneciendo en mí, el epíteto de la ciudad que nunca duerme; dicho que tanto había escuchado.

Derecha allí, represento la estatua de la libertad, señal de igualdad migratoria. Así me considero, porque para que tanto luchar por espacios, si el mundo es propiedad de todos.

Una inquilina que viene de la calle, se detiene a custodiar un carrito de compra, mientras que el muchacho que la acompaña, comienza a subir y bajar cargando bolsas de comestibles, lo que me pareció el alimento de un pueblo para tres meses.

Las venas del cuello del muchacho son los cables de una grúa, y la llovizna de sudor humedece su ropa, a pesar de la baja temperatura.

Como si tuviera un altoparlante de guagua vendedora al frente, la señora de la compra inicia un dialogo que más bien parece un congrí de inglés con español, con otra que como una culebra saca la colorida cabeza enrolada, por una ventana del cuarto piso, lo que me hace pensar que no tienen servicio de teléfonos.

-¡Comadreeeeeee! ¿Quiere ir de shoping? ¡Hay unos especiales buenísimos en la treinta y cuatro. Juan nos a dar un rai. Ya yo recorté los cupones de descuento del periódico…!Fifty per cent off en todo!

¿Me considerarán sospechosa?

¡Qué va! Nadie repara en mi presencia, ni me pregunta si necesito ayuda. Soy invisible, y a todos los que entran y salen, les resulto indiferente.

De momento el muchacho usa un saco de arroz como calzo para que no se le cierre la puerta, entonces me fijo en las letras azules y rojas sobre el tejido de fibras plásticas: "Canilla," cosa que me trae a la memoria a una anciana a la que le llamábamos allá en el vecindario: "fulana canillas" por la delgadez de sus piernas, y una mueca que pretende ser sonrisa, se refleja en mi rostro. Decido entrar dejando las comadres con su cantaleta de guineas madrugadoras, porque me está picando el frío. Es la primera vez que salgo de mi adormecimiento. Durante el viaje mi mente funcionaba en cámara lenta. El pesar de haber dejado en cada cama un adiós desabrido a los cinco hijos/hijas que duermen, para no despertarlos y hacer la despedida más dolorosa, razón por la que deliberadamente compré el ticket para media madrugada. Siento cierto sentimiento de culpa, cosa que no me permitió disfrutar el viaje y contemplar la belleza de la creación desde las alturas; fue cuando la señora compañera de asiento, me extendió unas cuantas servilletas; me puso la mano en el hombro y me dijo: "Yo sé lo que se siente la primera vez; pídale a Dios que le de la fuerza como me la dio a mi".- Su apoyo, en vez de aliviarme, aumento la angustia, pero valoré su solidaridad.

¿Cómo se levantarían? ¿Qué pensarían? … Entonces sentí el vacío que me producían los latidos de cinco corazones palpitando al unísono.

Al entrar al edificio lo primero que me fijo es en un panel cromado de buzones a la pared donde abundan los apellidos: Johnson, Smith, Brown…y uno que otro Cruz, Barrera, Martínez, incluyendo el que yo había adoptado como el mío legal, eliminando el de mis padres, porque los documentos así lo expresaban, entonces me digo: "Para que la democracia sea pareja, de seguro que aquí los hombres, erradicando el de sus padres, pueden llevar libremente el de las esposas, si así lo desean" Solo por ocupar la mente en algo.

Estoy incomoda porque un olor a queso y vinagre criollo curado que sale del bulto, se ha incrustado en mi ropa, por lo tanto necesito una ducha como el pez el agua. Los dulces, el café, las mentas, el cazabe, el orégano y unos coconetes, vienen todos revueltos. ¡Ah! ¡Pero faltan los aguacates! A esos les había sucedido una fatalidad irreparable.

Minutos antes del aterrizaje, al escuchar un mensaje de la tripulación, primero en inglés y luego en español, rápidamente me deshago de ellos, exponiéndome a ser tachada de irresponsable por aquellos que los envían:

"¡Damas y caballeros! Bienvenidos la ciudad de Nueva York. Son las 10:00 de la mañana. La temperatura es 35 grados Fahrenheit. Nos preparamos para el aterrizaje. Mantengan los cinturones abrochados. Si alguien trae consigo frutas, debe reportarlas en la aduana. ¡Les deseamos una feliz estadía en la Gran Manzana!"

¡Gracias! Dije en mi interior a tanta amabilidad, pero los encargos de quien mandó los aguacates, dan golpes a mi cerebro cual tamborón en funeral: *"¡Este para María! ¡Éste para Angelita! Dos o tres a mi compadre Ramón. ¡Ah! me haces el favor de llamar a Josefina que vive en Brooklyn, para que busque ese paquetito de mentas y me le da un aguacate. ¡Ahí en el sobre está su número! ¡Dígamele que se lo envío con mucho cariño!* Con tal tipo de recomendación, cualquiera pensaría que Brooklyn se encuentra en la próxima esquina.

El anuncio me alerta para que no me arriesgue a ser multada por introducir al país mercancía prohibida, porque a mí no me van tachar de contrabandista; tampoco tenía dinero en caso de que me multaran, entonces me agacho en el asiento y sin que nadie se percate, voy colocando los aguacates uno por uno debajo del asiento, recordando un compadre que pagó una multa de cincuenta dólares por un par de guayabas que traía para colmar el antojo de su comadre embarazada de su ahijado, y a la vez evitarse el mismo que le saliera un orzuelo; luego, los aguacates rodaban de atrás a delante, cuando el avión, cual murciélago buscando su nido, subía, bajaba, y daba vueltas aleteando. Con la caravana de aguacates, la risa de los pasajeros no se hace esperar, entonces aprovecho la cara de bobos que traen los que viajan por primera vez, y para mi alivio comienza el descenso; asida del brazo del asiento, comienzo a presionar hacia abajo como si con eso pudiera ayudar el piloto en su trabajo de bajar el avión a tierra, e hice tanta fuerza que me cansé. La ansiedad hacia su trabajo sin que yo la manipulara.

El traer esas cosas, enviadas por vecinos que habían viajado, me hace pensar que llego a un lugar donde se alimentan con maná del cielo y que mi ojo nunca volverá a ver un aguacate, hasta que vuelva a mi país, el cual ha sido bendecido con todas las variedades. A los plátanos, arroz, habichuelas y a los mismos aguacates, pronto le cantaré el réquiem, y mi alimentación entonces será de latas, como la de los gatos, como se decía en el país en ese tiempo.

Salgo del chequeo y camino hacia afuera, empujando el carrito de las maletas por el que había pagado tres dólares, metiéndolos uno por uno en la rendija de una maquinita que se los tragó con hambre canina. Debajo del brazo llevaba el sobre amarillo gigante que me entregó el cónsul, cuyo único objetivo fue el de hacerme el viaje incómodo, delatarme como viajera primeriza, y a la vez, hacerme parecer ridícula, porque no le pusieron ningún caso al bendito sobre.

-¡Mantenlo siempre en las manos!- fue lo que me recomendaron.

Al pasar la última puerta choco con una multitud que espera por sus familiares, pero lo que más me llamo la atención fue un grupo de hombres con cartelones colgando del cuello. ¡Taxi! ¡Taxi! ¡Taxi! Gritaban ansiosos por agarrar un pasajero. Pensé que estaba en el nueve de la capital de tiempos atrás, donde un chofer agarraba la maleta y otro el pasajero disputándoselo como pollos un pedazo de carne, cada uno por una punta. Algunos letreros estaban escritos en diferentes idiomas raros que me parecía dibujos de charamos, entre los más conocidos: el español y el inglés.

El invierno engreído no quiere ceder el paso a la primavera, porque la nieve lo cubre todo, sin embargo, el sol brilla tanto que semeja un radiante mediodía caribeño.

La gente en el área de espera, trae vestimenta pesada. Despúes de los saludos, me entregan un equipo similar, entonces exclamo entre afirmación y pregunta:

"¿Para qué abrigarse tanto, si el sol esta tan brillante?"

"¡Está bonito, pero hace un frío pelú!"

-¡Que metida de pata!

La idea de invierno sinónimo de días plomizos y llorosos, vivía en mi mente; ya afuera me doy cuenta de que el sol, aunque brilla como diamante, el buen haragán no está haciendo su trabajo, porque el frio le gana en intensidad y siento que muero con los huesos congelados.

"El Papa debería canonizar a los que mueren aguantando por años, este refrigerador" Dejo la idea revolotear en el pensamiento y opto por ponerme un zipper en la boca para descubrir las cosas por mí misma, entonces decido escuchar a los paisanos veteranos, impartiendo entrenamiento a los recién llegados, porque tienen un doctorado en su trajinar como inmigrantes, cursado con el ir y venir del tiempo, y exhiben sus conocimientos, previniendo hasta el cansancio:

"Te tienes que espabilar, porque aquí no es igual que allá" "Aquí...es así" Aquí es asá, y aquí, y aquí...

Al salir de la terminal y tomar carretera, el panorama se va desplegando en un solo charamico; nada verde, excepto unos pinos que dispersos en el área, aguantan con coraje las embestidas del clima. La grama parece no haber existido nunca en esta parte del planeta, porque un velo blanco como de novia, arropa por completo la ciudad y aunque la nieve me pareció exótica, no me imagino el mundo sin la verde naturaleza; en ese momento sentí un frio profundo, pero en el alma.

"¿Por qué no cortan esos charamicos, para que se vea más limpio el paisaje?"

Dejo la expresión revolotear en mi mente, pero le pongo una tranca a mi lengua para que no la deje salir, y días después obtengo la respuesta de manera fascinante. Es cuando descubro en el nacimiento de la primavera, lo más bonito de la ciudad de hierro, acero y cemento, respetando los que opinan que lo único bonito que tiene, son los dólares. Entonces pensé: – ¡Que aburridos y que materialistas!-

Como en los dibujos animados, todo comienza a tomar vida y de los troncos supuestamente secos, brotan hojas y flores, convirtiendo la ciudad en un colorido jardín, lo que me inspira a alabar la creación y decirme a mí misma:

¡"Qué suerte que no cortaron los "charamicos"!

*

Todavía estoy esperando en el pasillo central del edificio cuando llega allí una señora de avanzada edad, la cual me saluda en inglés con cortesía.

La anciana suspira descansando el pie derecho en el primer peldaño, anunciándome con el gesto, que no hay ascensor, o mejor dicho, *elevador.* Se supone que tengo que americanizarme, no para los gringos, sino para mi propia gente que prefiere la manera extranjera de nombrar las cosas, lo que me trajo a la memoria el compatriota que recién llegado al país, recordó la clase de animal que lo atacaba al momento en que le sacó los dientes: -"echa para allá, perro del diablo"- no obstante había preguntado anteriormente: ¿qué animal es ese? Mientras que el otro en uno de sus viajes de retorno al país, pidió un pez negro en el colmado, ordenando un arenque; por la misma razón que la otra señora, muy fina ella, demandaba de su empleando allá en el campo: ¿Le echaste el lonche a los cerdos?

De momento estoy soplándome insistentemente un brazo. El caliente envuelto en un raro chillido que sale de repente de una endiablada caja endosada a una pared, me toma por sorpresa. Siento tan fuerte la quemada que me separo de un brinco. —El calentador— De eso se olvidó mi guía, que como gobierno nuevo, no paraba de lanzar decretos previniéndome de peligros. La anciana capta el accidente y en vez de reírse de mí, indolente, como lo está haciendo usted ahora, me pregunta:

¿Estás bien?

¡Yo estoy bien! ¡Gracias! -Le digo- pero la picazón era terrible.

¿Estás segura?

¡Sí! le contesto, pero la parte del brazo se está enrojeciendo, de todos modos agrego:

¿Puedo ayudarle? entonces me pasa la bolsa de comestibles que lleva, y me preparo para rebuscar el poquito de inglés que había aprendido en un instituto en mi país.

El bulto me pesa más subiendo, más la bolsa de ella entonces pienso: ¡Coge ahí! ¡Tú no querías pisos altos! ¡Sueña! ¡Sueña! y sin esperar otra reacción de mi parte, la anciana continúa su interrogatorio: ¿Eres nueva en el edificio?

En este momento acabo de llegar, no solo al edificio sino al país.

¡Bienvenida! Me dice.

¡Gracias! le contesto complacida y decido subir con ella.

El intercambio de esas pocas palabras es el inicio de una amistad, que con el correr del tiempo, pasó a una relación casi familiar.

La muñequita de piel rosácea semeja una Barbie con su cráneo salpicado por escasos hilos de plata peinados en rizos que le dan apariencia de Reina Isabel. Sus ojos cielo claro reflejan su bondad expresada en una sonrisa que traduzco a aceptación a una morenita dominicana que acaba de llegar, quemada por el sol del Caribe. Diría que hubo química desde el primer momento. Luego descubrí que era amorosa con todos, sin distinción de razas, pero con mi familia, fue algo especial.

Mi nombre es Frederike Fleg.
¡Vivo en el # 2-D. Ahí estoy a tu orden!
El mío es tal. Voy a vivir en el 4-D y le digo lo mismo.
¡Qué casualidad, vivimos en el mismo piso, frente a frente!

Foto tomada por mí, en el año 1989.

OH, ¿tú eres la esposa del señor de tal?
¡Si señora! Le contesto.
Muy buena persona y buen vecino.
Me alegra mucho escuchar eso.
*La sigo e*scalón por escalón y a pesar de que machaco su idioma, ella insiste en continuar el dialogo, no importándole mi trabalenguas.

Olvido la molestia de haber pasado desapercibida para la señora de la compra. Por su conversación conocí su nacionalidad –la misma mía- pero en ese momento decido comenzar la nueva vida por el lado positivo.

-Imagínate, a mis noventa… -Suspira la anciana-

Ella carga a su espalda, el pesado bulto de sus años, vividos desde los cuatro, en el lugar donde yo comienzo a escribir mi historia de inmigrante, al momento en que ella está escribiendo las últimas líneas de la suya, en la escalera de la vida por donde unos suben y otros bajan; unos llegan, otros se van, unos nacen, otros mueren, mientras que la vida continua su agitado curso.

Aunque nació bajo el mismo cielo que cobijo a Hitler, es el amor con ropa y zapatos. Dos años más tarde llegan mis hijos, a los que comenzó a querer desde antes de conocerlos, hasta después de su muerte, como se verá más adelante.

"Se puede condenar un sistema, pero nunca se condena un pueblo". Expresó el Profesor Juan Bosh en una ocasión en que estaba yo presente; Luego al conocer esta anciana, sentí el peso de esas las palabras, pues en todas las razas hay personas para quienes el ser humano significa lo que es: otra persona igual, y una sola vale tanto como todo un pueblo, o mejor dicho representa la humanidad completa.

*

El centenario edificio está en su mayoría ocupado por anglos. Pasa el tiempo y con él, la evolución migratoria. A mi llegada, tanto el sector como el edificio lo van ocupando hispanos, especialmente dominicanos, y el entra y sale de mudanzas era constante. Al mismo tiempo los blancos van abandonando el lugar, según se comenta, huyendo de la bulla, el volumen de la música, del olor a sazones y en días cálidos, la parte frontal repleta de inquilinos pasando el tiempo. También era común ambulancias trasladando ancianitos hacia hospitales.

Treinta y tantos años más tarde, hay cambios en la política de vivienda. De nuevo los anglos van retornando al área, mientras que los hispanos a su vez, comienzan a abandonar empujados por el aumento excesivo de la renta, acción que hizo el efecto del repelente a las cucarachas, mudándose éstos a estados como Pensilvania, Massachusetts, y hasta la congelada Alaska. Unos han ahorrado para sacar su casa y otros se van con tal de pagar renta más barata. Otros que dependen de los servicios sociales, son desplazados hacia suburbios, en áreas con alto grado de criminalidad. Los que hemos permanecido en el área, ha sido prácticamente para invertir las entradas en pago de renta y estar cerca de los nuestros que todavía no se retiran. Con todo esto me siento parte de la historia de un edificio y de un vecindario del alto Manhattan en el área de Inwood. El que considero también mi vecindario porque allí he pasado la mitad de mi vida.

Pasa el tiempo y aun con lo expresado anteriormente, todavía me siento tan arrimada como el palo de la escoba a la pared, aun así, valoro las oportunidades que se me ofrecieron de trabajo y demás, sin embargo, reconozco que con otro tipo de política migratoria, hubiese emigrado solo como visitante, pues mi país me ofrecería las condiciones para no tener que salir a buscar cómo sobrevivir en otro.

PROCESO DE CIUDADANIA

En mi libreta de proyectos no había sido asentado el jurar por bandera alguna, porque me sentía satisfecha con la de los cuatro cuarteles azules y rojos, y la cruz blanca, con el escudo y la Biblia en el centro, sin menospreciar ninguna otra, porque en la escuela cuando pequeña, se encargaron de enseñarme respeto y orgullo por ella.

Corre el año 88, cuando doña Necesidad me da unos toquecitos en el hombro, para que le dé un jalón a un familiar cercano. Volteo a verle la cara y sin pensarlo mucho, comienzo a llenar el formulario requerido, y a manera de cotorra aprenderme las cien preguntas requeridas sobre historia de Los Estados Unidos, pero el sentido de nacionalismo inició una contienda con la necesidad, y es enero del 89 cuando asisto a una pomposa ceremonia donde los nuevos ciudadanos son tratados con cierta exquisitez, algo así como personas que han adquirido una raya más como seres humanos. No estaba concientizada sobre lo positivo del voto en el exterior, que abre puertas y afianza derechos, no solo propios sino a toda la sociedad. De regreso al apartamento me visto de casa y me dedico a realizar los quehaceres, mientras que las expectativas de nuestra vecina anciana son otras. Esa tarde toca a la puerta, ataviada con prendas, peinado y ropa para la que se supone será una celebración especial. El no hacerlo pienso que a ella le pareció un acto muy grave de desagradecimiento; y en realidad no lo era. Mi familia en cambio lo toma como un paso normal en el proceso de vida de los inmigrantes. Y con una corta y otra larga, la dejo tranquila.

*

He aquí otra experiencia relacionada con mi cambio de estatus migratorio, pero esta vez muy desagradable. En esa ocasión, necesito apoyar a una señora de mi pueblo que necesita un garante en el consulado dominicano. Al aprestarme a colocar mi firma, el joven que le sirve me pide identificación, y lo único que tengo en ese momento como tal en la cartera, es el pasaporte americano, porque era el día que pase a recogerlo. Al extender mi mano para entregárselo, me ignora con actitud despectiva, el compatriota hijo de su buena madre: -*"La señora necesita alguien dominicano que la represente, y usted ha negado su nacionalidad"* Exactamente un tiro en medio del pecho a la persona menos indicada. El mismo que me dio deseos de pegarle a él, cosa que hasta ese momento nunca había sentido. Me imagino que él estaba en la misma situación que yo, pero el morbo de hacer sentir mal a otras personas que llevan algunos, parece que produce mucho placer.

Me contengo porque no vale la pena, ya que ni matándolo, ni tratando de inyectarle conciencia iba a lograr nada, entonces un par de lágrimas de frustración y rabia, corren por mis mejillas, las que seco sin que el pobre infeliz sujeto se dé cuenta.

*

En visita al médico, este me anuncia se le acerca la hora a nuestra viejita, pues su corazón está muy delicado y su vida pende de un fino hilo.

Un viaje de emergencia a mi país me pone en la disyuntiva de comunicárselo o no, por lo anunciado por el médico. Luego pienso que es peor que note mi falta sin avisarle pues nos visitaba todas las tardes; total, son solo tres días. -Me digo- Para motivarla, le pido que me vigile los muchachos, especialmente a la más pequeña, la que entre mimos, se duerme recostando la cabecita en sus piernas.

Salgo el siguiente día de madrugada y a eso de las diez de la mañana, muy pasada la hora en que ella se levantaba, el tercero de mis hijos le toca la puerta. El muchacho se preocupa porque esta no responde ni al timbre de la puerta ni al teléfono, por lo que se decide a usar la llave que tenemos para emergencia, entregada a nosotros por un familiar que vive en otro estado.

La cadena de la puerta impide la entrada, entonces llama la policía primero y luego a una amiga de ella que vive en el mismo edificio. Cuando estos llegan, la policía rompe la cadena y al abrirse la puerta la escena es impactante. Aparece sin vida sentada al lado de la mesita del teléfono, con el auricular en la mano, pues parece que tuvo la intención de llamar para pedir ayuda, pero no le dio tiempo. Los anillos y otras prendas estaban enterrados en sus carnes, por la hinchazón que la convirtió en un monstruo, pues parece que habían pasado unas cuantas horas desde que sucedió.

Aunque estaban con su padre, este hecho a mis hijos les causa mucho dolor, pues están en la etapa de la adolescencia, tiempo en que los niños son más sensibles a lo relacionado con la muerte, en especial cuando es una persona que les dio tanto cariño.

Cuando me comunicaron la noticia sentí algo así como la pérdida de un familiar cercano. Mis hijos en la funeraria recibieron el apoyo de los vecinos como si hubiesen sido sus parientes primarios.

A mi regreso, pasar frente a su apartamento es una experiencia que de tiempo en tiempo, ronda mi memoria como zumbador a la flor. Y para completar, días después de mi llegada, un mensajero de la compañía una compañía que entrega paquetes a domicilio, por poco nos mata del susto. La bocina del intercomunicador desde la calle, suena como jututo de carnicero de años atrás.

¡Quieeeeén!

"Es un regalo de la señora Fleg para los niños Cordero."

¡Ay Dios mío! ¡Que apuros estos!

Le abrimos con miedo, y cuando éste sube y toca el timbre de la puerta del apartamento, nadie quiere abrir. Por fin alguien se decide y es cuando vemos una caja cuyas letras grandes dicen que contiene una computadora completa.

"¿Desde dónde la envió?".

¡Ahí está la tarjeta con la información!

El desenvolver el regalo es una combinación de emociones donde se mezcla tristeza, alegría, sorpresa, preguntas sin respuestas, y hasta lágrimas. Ella con anterioridad se la había encargado al familiar que nos entregó las llaves, para que le hiciera las diligencias de efectuar lo que sería la última muestra de amor hacia mi familia. Entre sorpresa, pena y agradecimiento, mis hijos comienzan a armar el aparato.

LA FACTORIA

Con la pena de la muerte de nuestra querida anciana, salgo al otro día hacia el trabajo que había conseguido de la manera que expongo a continuación.

El cerebro humano, primera computadora creada, sirvió de modelo a las fabricadas por el hombre, y nunca será superado; opinión con la que puede ser que usted no esté de acuerdo. Allí se almacenan conocimientos que tarde o temprano sacan de apuros.

Aprendí a dar patadas a una máquina de coser, siendo todavía adolescente, y por el momento es lo único con que cuento a la hora de buscar trabajo.

La noche anterior la paso en pura agonía, porque mis pestañas son las luces intermitentes encendidas de un vehículo, durmiendo un minuto, despertando el otro y apenas se unieron por dos horas consecutivas, mirando a cada momento los gigantes números del reloj del radio. En un papelito tengo anotada la información sobre cada paso que he de dar ese día: la ruta de los trenes con sus paradas y cambios, y las subidas y bajadas de escaleras, porque el miedo a perderme me tenía horrorizada, ya que me habían pintado el cuadro más embadurnado de inseguridad, lo que realmente era.

En la cartera, la bolsita de tela ahorcada con elástico, contiene las monedas del pasaje y la he colocado en el bolsillo delantero. En otro compartimento están los utensilios de costura; la sombrilla en el fondo de la cartera, reducida a su mínima expresión, porque la emisora hispana había pronosticado noventa por ciento de posibilidad de aguaceros, y según me habían anticipado, esa no falla, porque algunas informaciones rozaban el límite de lo perfecto. Por otro lado, también anuncia un violador en el vecindario, y según el reportero, éste se esconde en los edificios, debajo de las escaleras para atrapar a las mujeres que salen hacia su trabajo.

¡Muy oportuno!- me digo- ¡a esa hora, frescas y fragantes!

Tengo cierta precaución al bajar y caminar hacia la estación de trenes; está tan oscuro, que las luces de la calle todavía están encendidas pero casi no influencian en nada, y en el firmamento todavía pestañaban estrellitas, entonces invoco la protección de Dios porque mi corazón es tambora en tiempos de pascua y mis pasos, saltos de canguro. Casi al llegar a la estación, respiro aliviada. En cambio, entre un grupito que me pasa por el lado como caña pal' ingenio, escucho una muchacha decir: "¿Dónde es que están violando, para pasar por ahí?"

-Cada cabeza es un mundo, fue lo que pensé.

Frente al carrito del café y las donas, la gente que espera en la línea tiene un tic nervioso. Un sorbo de café, y una mirada al reloj. Lo mismo sucede en el estanquillo de periódicos; la línea para comprar los tokens; la de tomar el ascensor, o subir las escaleras; líneas para entrar al tren... líneas y líneas para avanzar cada paso. Me fijo en todo porque: ¿No quieres Nueva York? ¡Coge Nueva York! Así es que conócelo de arriba abajo y de punta a punta.

—No uses el espacio de otra persona, porque te sale el diablo cara a cara- pero si te equivocas, con decir ansory sales del apuro. Me habían prevenido.

La masa que llena el ascensor comparte alientos de pastas de dientes, de aroma de café, de perfumes y desodorantes, caros, baratos...

-¿Este es el tren?

-¡Shhhhh! ¡Este es el elevador muchacha! No me hagas pasar vergüenza.

¡Quéeee! ¡Es que no había visto uno tan grande! Mi cuarto de dormir allá en el campo es más pequeño...

Escucho el predicamento pero no me río. Más bien siento pena porque sé lo perdida que esta la muchacha, además de la vergüenza que siente la madre, tía o amiga que la acompaña. Yo si no voy a preguntar por precaución. Pasé una al momento de llegar y aprendí para siempre.

Al salir de la fábrica de hacer gentes, como dice el merengue de Jhony Ventura, caigo en la plataforma.

¿Cuál de los dos será? Uptown-Downtown. Para arriba- Para abajo-

-Apréndete ese par de palabras, como tu número de seguro social, porque debajo de la tierra, ¿quién diache sabe dónde es para arriba o para abajo, si el letrero o la flecha no te lo indican?

¡Ahí Dios mío! ¡Estoy perdida!

¡Doña tranquilícese!: Le digo. Dígame ¿cuál es su ruta?

¡Aquí esta! Me la anotaron en esta libreta.

Okey venga conmigo. ¡Qué casualidad! Usted se queda en la misma parada que yo me quedo.

"Si preguntas, te pueden votar al infinito. Eso me habían dicho. ¡Qué nervios!

-¡Ah! Ya me acordé: "No muevas un paso sin leer los letreros"

Levanto la vista y, efectivamente: Mi guía privado no se equivoca.

A train to downtown; dice el letrero. Este va para abajo. Venga, parémonos aquí. Como es la primera parada, se devuelve como el cangrejo.

-No te pares a la orilla. Te puede dar un mareo, o cualquiera puede darte un empujón. Aquí está el loco pendejo.

Como a mi mejor amiga abrazo una columna. De ahí no me moveré hasta que el tren que arribe se detenga por completo.

No te acerques mucho a la gente, que te roban la cartera. Parte de los muchos consejos que me dieron y que gracias a Dios nunca se efectuaron.

La inmensa culebra de hierro trae el ruido de cincuenta latas rodando atadas a un vehículo en una calle empedrada, y con él apaga la voz de un muchacho que pulsando las cuerdas de su guitarra, canta como los Ángeles. En el piso, una cajita apara penies, dimes, quarters y hasta billetes de a dollars. ¡Hay que buscárselas! dicen por allá.

-¿Estará desempleado? Me pregunto porque tiene empuñada la guitarra como tengo yo la máquina de coser en mi mente.

La plataforma de cemento sale corriendo, ¿O soy yo que tengo mareos? Aprieto más la columna.

No, no. Es la sensación de la llegada de los trenes. ¿Me acostumbraré?

Llega el tren C local y abre la puerta. Desde afuera alcanzo ver una amiga de mi pueblo. Me sorprendo pues no sabía que había viajado y me alegro hasta el fondo. Ella también me mira y sonreímos ampliando los ojos del tamaño de cincuenta centavos dominicanos, de los antiguos. -pura plata- Busca en su cartera quizás un lápiz y en que anotar su teléfono, entonces se cierran las puertas y… quizás hasta nunca. A menudo suceden intercambios de números de teléfonos y direcciones que conectan encuentros, otros nunca se llegan a materializar porque para muchos, con la intención basta.

De nuevo la plataforma se mueve, entonces dos grandes focos como tortas de cazabe -con tamaño de una torta de cazabe grande cuando la yuca era barata- asoman allá a la entrada al túnel. ¡Es el tren A, Gracias a Dios! La costumbre ataca, porque ya estaba pensando en que se había interrumpido el servicio eléctrico sin previo aviso, o estaban en huelga los trenes. Estoy tratando de limpiarla de esas preocupaciones, como hago con las cosas que no puedo resolver, cuando una enorme rata me saca del embeleso cruzando los rieles antes de que el tren alcance la estación.

¡A pero estas son ratas y no tiesto! ¡Americanas! De seguro que comen cereales y yogurts. La señora que esta junto a mí, se ríe con gusto, y no pierde un movimiento mío, porque ahora soy su guía. Un ciego guiando otro.

"El último vagón no es muy seguro porque a menudo suceden atracos en él".

Con la advertencia se acelera mi precaución, pero quiera o no, tengo que tomarlo porque es el que da a la puerta de la fábrica. Me acerco con cuidado, ya que de pisar en falso, puedo caer al vacío entre el tren y la plataforma, y quedar convertida en jamón. De pronto, como a muñeca títere, con mis piernas volando, la masa me entra de un empujón, porque nadie se quiere quedar, entonces se me pierde la señora.

Al entrar empuño la barra de hierro como náufrago la tabla de salvación. No me caeré porque estoy amortiguada con cuerpos, y gracias a que soy de buen tamaño, puedo respirar mirando el techo, entonces escucho una bachata tan nítida en los audífonos de una jovencita, que de haber espacio, francamente se podría bailar sin perder una nota. "Pronto tendremos una generación de sordos" dije separando las hebras de su largo pelo que con el empuje y el vaivén del tren, se metían a mi boca. Entonces se venderán los aparatos auditivos para sordos como pan caliente –agregué- Todo es relativo, y es negocio. Pero ella ni siquiera se enteró.

De haber escuchado mi comentario, quizás me hubiese llevado tremendo boche, pero esta tan absorta que sus caderas me rozan cada vez que las notas musicales la hacen vibrar; luego la observo pegarle un codazo por el estómago con tal ímpetu al pasajero que está detrás de ella, que el hombre lanzó un quejido y hasta tosió. Parece que él también estaba siendo rozado con el ritmo y tomo acción.

¡Buen fresco! ¡Abusador! Grita la muchacha con tan alto tono de voz, que todos voltearon a ver, entonces dando giros con su cuerpo pone dos o tres personas de por medio. El sujeto se hizo el desentendido.

¡Fifty nine street Columbus Circle, next stop!

Juancito se quedó en Babia, por lo que pregunta asustado: ¿Qué fue lo que dijo?

Que la próxima es la cincuenta y nueve y Columbus Circle, -información que le paso como una experta, porque la tenía anotada en el papelito, entonces miro la señora sentada en dl asiento del rincón.

Al salir tenemos que bajar una escalera para hacer los cambios. Primero el D o el F, luego el G, con precaución porque de tomar uno equivocado llegamos a Quimbambas.

Apréndete todos los cambios, por si un día yo no vengo. Una de tres: O te espabilas o te regresas, O...paras en loca. Así de tajante fue la recomendación.

Al aproximarse a la estación por el estrecho y oscuro trillo, la culebra de hierro va enderezando y perdiendo velocidad hasta que se detiene por completo. Me parece que las puertas saben leer porque se abrieron por si solas cuando escucharon los anuncios de los que operan el sistema. Unos pasajeros salen corriendo rápido para meterse en el que arribó al frente. Los del recién arribado hacen lo mismo chocando muchos de ellos en medio de la plataforma, de tal manera que parecen niños jugando a "! Pájaro sin nido!" Con la corredera, una cartera cae al piso y dos frentes chocan; y afloran chichones, entonces llega el D, el que nosotras esperamos.

Es momento de sacar de la cartera un libro que estoy leyendo, pero al tratar de sentarme, un movimiento brusco me balancea y caigo con él en manos, en las piernas de una señora morena. Me levanto de un brinco como gato que cae asustado del tejado. Esta choca su mirada contra la mía. ¡Hay Mamá! Me sostiene la mirada en actitud desafiante. Espera por algo. Da la impresión de que me va a golpear. Con mis manos temblando me quedo mirándola como una idiota, hasta dar el siguiente paso, pero se me olvido la palabra mágica. Pasan unos segundos y...O sí, ya me acordé:

¡Ansory! Digo enseñándole mis dientes como teclado de piano y ella automáticamente como un flash, cambia la actitud a persona complacida. "It's ok" me contesta, y caso cerrado.

-Te lo dije. Es la tarjeta de crédito con que se paga hasta un pisotón, aunque hagas del dedo gordo de cualquier pie, un tostón bien aplastado.

El trío de mejicanos entra como huracán, cruzando de un vagón a otro, y no obstante el golpazo la puerta entre vagones con el tren volando, las estridentes notas del acordeón, ametrallan el tímpano dejando sorda la gente. "! Con dinero y sin dinero, hago siempre lo que quiero…! Que valiente soy. Aguanté el ataque a mis oídos y benevolente le dejo caer una moneda en el sombrero, cortando la canción inician un recorrido, para que no se le salgan los pasajeros sin haber hecho su aporte. ¡Qué astutos!

Un grupo de mujeres trae un bochinche con el volumen al tope, y la risa sin frenos no para.

¡Ustedes si son curiosas! Exclama la que permaneció sin reírse, pero las otras continúan sin un tópico en particular cuando de momento:

-¿De dónde saldría ese mono? Se incluye de pronto en los comentarios.

¡-De la misma selva que saliste tú. —Contesta en español el moreno hispano, que bajando el diario la mira fijamente.

¡Ups! ¡Yo pensaba que usted no hablaba español! ¡Perdóneme!

¡Pues no digas todo lo que piensas!

-¡Qué vergüenza! ¡Esta' bueno que te pase porque tú no paras ese pico!

-¿Tú ves ese que esta vestido de ejecutivo? ¡No es más que un aguajero! ¡Yo lo he visto cargando cajas frente a un negocio!

Los más cercanos hacen gestos de desaprobación masajeando el rostro, pero el ambiente está cargado de un respeto democrático. Todos pagaron su pasaje.

El tren frena de golpe y el maletín de cuero del mencionado hombre vestido de ejecutivo, rueda por el piso y el arroz, habichuelas y pollos les ensucian los zapatos de jugosa salsa roja, a una blanquita. Entonces se rompe la magia del bulto de cuero del ejecutivo.

-El sol del Caribe les cargó las baterías. –dijo uno-

-Es cuestión de culturas. Rebatió el otro.

*

Corren los primeros meses del año 1982, y tanto doña Ana, –mi acompañante del tren- como yo, batallamos por asimilar el sistema, especialmente el ritmo frenético de los trenes donde si no te espabilas, te aplasta la vorágine de la gente.

Su historia migratoria se entrelaza con la mía, momentos antes, cuando le indiqué que tren debía tomar. Ella es una emigrante cubana que acaba de llegar desde Cuba a Miami, y de ahí a Nueva York.

-La situación está muy mala en el campo de la costura- es lo que se escucha por doquier. Dicho que nos baja la nota a cada momento.

La semana anterior había repasado el Diario La Prensa, día por día y anuncio por anuncio, tachando con lápiz: Trabajos de limpieza de oficinas, de siete de la noche a tres de la mañana. Ese no. Le paso una raya. Se gana bien pero hay que andar en el medio de noche. – Estoy hablando con el periódico - En este otro, debes tener carro. Tampoco. A new jersey en la guagua. No me conviene, muy lejos. Ese no es para mí. Oh mira! ¡Aquí hay para Singer y Mero! Este sí. Lo encierro en un círculo, saco la página, la doblo y la pongo en la cartera. Tiene dirección y teléfono.

Al llegar al edificio confirmamos que están cogiendo.

-¡OH no!- Quiero decir que hay vacantes.

Repetimos la frase influenciadas por el ambiente en el que nos desenvolvemos, cansadas de visitar diferentes fábricas, cada una por su lado.

En cambio doña Ana se entera por medio de un primo que a su vez es amigo del hermano de una comadre, que es concuñada de la esposa del supervisor; principal medio para conseguir trabajo entre los hispanos-

Llegamos antes de abrir el lugar, y de pie en el vestíbulo, nos entretenemos hablando de cosas que para nosotras son nuevas, y de las que extrañamos de nuestros países, y coincidíamos porque Cuba y Santo Domingo se parecen mucho, igual que Puerto Rico y Jamaica. Las Antillas mayores, y las menores y las más chiquititas, y las chiquititas. Nuestro Caribe. ¡Nuestro orgullo! Nuestro mundo en miniatura. Olvidado, poco valorado por allá por otros mundos.

-¡Good morning! respondíamos cada vez que entraba un/una empleado/a directo pulsar el botón del ascensor. Los trabajadores del piso, comentó una señora que igual que nosotras, buscaba trabajo. Yo seguido los imaginé rodando por el piso, así de perdida me encontraba.

Luego les seguimos los pasos a las operarias. Nos intriga la bolsita que llevan colgando en la mano derecha además de la cartera; más tarde me entero de que es el lonche camuflajeado en bolsa de regalo. ¡Qué vanidosas!

El edificio en que nos encontramos resulta imponente a la vista, por su tamaño y diseños antiguos, pero al subir y salir del elevador, caminar por un oscuro pasillo y entrar a la penumbra de una jungla, que más bien es lugar de trabajo de seres humanos, cambia la primera impresión, como nos sucede a nosotras que sólo la necesidad nos motiva a seguir adelante, porque hasta depresión me dice luego mi compañera que sintió en el momento. Yo no, porque cuando estoy frente al charco, solo pienso en dar el salto, aunque me salpique el lodo.

Cada una de las tablas del viejo piso, externa un retorcido gemido, que grita la antigüedad que lleva soportando el mismo trajín.

Pasamos por la oficina donde nos dicen que esperemos en el salón, porque luego pasará la supervisora, para probarnos.

Nos entretenemos observando los/as operarios-as perdidos/as en un jardín de variados colores reflejado en sus delantales y los paquetes que esperan en el cajón, sin dejar pasar por alto los recortes de tela y enredos de hilo que forman una alfombra. Han comenzado a cargar presión al motor de la maquina como si fuese su enemigo, forzándolo al punto de hacerlo humear, para acumular tiquets, como mismo hace su jefe con ellos, según escuchamos comentarios. Entre tanto, doña a Ana y yo nos lanzamos miradas conspirativas: *"De ser aceptadas, en cuestión de minutos, estaremos en la misma situación"*

Mi mente desocupada comienza a cavilar: "Por aquí pasaron mis compueblanas cuando yo no soñaba con emigrar; unas estaban retiradas del trabajo, y otras al cielo. Miré una silla vacía y pensé: "posiblemente ahí se sentó la que me había dado práctica allá en mi pueblo, cuando yo todavía era una mocosa"

La espera es tediosa, y yo no hago otra cosa que observar a mí alrededor, peinando con la mirada el amplio salón, de pared a pared y de piso a techo, deteniéndola allí donde las telarañas han construido los famosos jardines colgantes Babilónicos, en su versión negativa, donde la ristra de bombillos y lámparas, gracias al polvo, pelusas e hilachas, apenas dejan pasar la luz, cual rayo de sol en día nublado. Girando en las esquinas con sonido de helicópteros volando en trulla, gigantes ruedas polvorientas luchan por cumplir su cometido de refrescar el inmenso salón; en cambio, soplan fuertemente el aire contaminado que va directo a los pulmones de los que allí pasan más tiempo que con su familia. Aire empolvado, producto de don descuido a quien no pensé encontrarme por estos lares, o quizás sea también un inmigrante como su dueño y como yo y todos los que allí nos encontrábamos.

Detrás de un amplio escritorio cubierto de papeles revueltos de cabo a rabo, brilla la calva de Mr. Kolocotronis, el Boss -o Mr. K, como se inventaron sus empleados para evitar el trabalenguas- desde donde supervisa cada movimiento.

Había leído por decimoquinta vez un letrero en la pared del pasillo a la salida:

"PRESENTAR CARTERAS Y BOLSOS EN LA PUERTA DE LA OFICINA, ANTES DE SALIR"

---

y ya molesta conmigo misma, volteo la silla, dándole la espalda al bendito letrero que me tenía hastiada.

De vez en cuando, el supervisor consulta a Mr. K, pasándole papeles para que firme, y piezas para que revise y yo convertida en una cámara grabadora, no dejo pasar ningún detalle, porque la tensión de la espera me hace sentir que ando pidiendo limosna, pero si no lo es, es parecido. Necesito el trabajo sí, o si, porque desde que arribé a la ciudad de los rascacielos, cada paso que muda un pie, significa dinero por aquello de que: *"El tiempo es oro"*

Luego se nos acerca Mireya, nombre más repetido que un comercial de televisión: Mireeeya, trabajo, Mireya tickets, Mireya etiquetas, hilo, agujas, y Mireya por aquí, y Mireya por allá.

¡Mireyaaaa! dile al judío ese que le aumente aunque sean dos cheles a ese trabajo que está muy barato, y dile también que recuerde que ayer subieron diez centavos el precio de los toquens. En realidad no era judío, sino irlandés, pero en mi país, todo el tiñoso, dicen que es judío.

Con los dos dedos índices, la haitiana se tapa los oídos en sorda protesta; luego nos hace una seña para que la sigamos hasta el lugar donde está el Boss; señalándonos también las sillas que están frente a él.

Por unos segundos somos un par de caricaturas pintadas en un papel, esperando a que este señor termine de soltar el periódico y de rascarse la panza, dejándonos saber que él es el dueño de su tiempo, y de paso, del nuestro.

De pronto levanta la vista; respira profundo; se recuesta haciendo chillar el monstruoso sillón; luego se dirige a las dos al mismo tiempo, como si estuviésemos enfundadas en un solo cuerpo, y dándole vueltas a la lengua *pregunta:*

Expeguiencia?

¡Sí! contestamos a coro.

¡How long! quiego decii, ¿cuánto tiempo de expeguiencia?

-"Se coser, pero no he trabajado en máquinas industriales" Es mi respuesta.

-"Yo tampoco" contesta doña Ana: "! Por la verdad murió Cristo!"

Con la mueca que hace parece que no está de acuerdo con lo de la falta de experiencia, o el comentario de doña Ana, de todos modos, llama a Polín, la supervisora para que nos pruebe; lo menos que puede hacer, después de hacernos tan larga la espera.

De esa manera, doña Ana y yo, comenzamos a desenvolvernos entre agujas y tijeras en el mundo de la alta costura; tan alta como un décimo piso, donde se fabrican faldas y pantalones de poliéster, con pretinas de elástico.

Todavía no habían emigrado los hijos/as y alternando con aquel trabajo, continúo con el estudio del idioma inglés por las noches, asistiendo a diferentes iglesias del área las cuales lo imparten gratis dos días a la semana. Algunos/as lo hacían con la intención de prepararse para la ciudadanía; para desenvolverse en el medio, o para entrar a la universidad.

Llega la hora del almuerzo. ¡Cuarenta y cinco minutos! De repente, todo allí, personal y maquinarias son una locomotora llegando a su destino, dejando salir a presión, el vapor restante, y el silencio que se siente es medicinal. El vapor de la plancha sale junto con la menopausia de la señora planchadora que entre suspiros y exhalaciones, se le sale por todos los poros, permitiéndole doblegar sus extremidades por primera vez, después de seis horas derecha como una estatua. La escoba queda en un rincón, y Mireya pone unos cuantos bondos en el cajón de cada operaria para la tarea vespertina, mientras dando patadas se sacude la falda para quitarse las hilachas, que como a patas de cotorras, enredan sus pies.

Como cuerda retorcida que se endereza, rápidamente una fila de operarios/as se forma derechita frente a un horno eléctrico. Hay un almuerzo afuera que por su temperatura, es un difunto de dos días.

¿De quién será?

Prepárense porque le van a escuchar el pico a esa mujer. Ustedes le conocen la lengua.

Dicho y hecho. La cantaleta llega a cada oído en el recinto, donde salieron a relucir los dos dólares aportados años atrás para la compra del aparato.

"! Aquí los nuevos llegan como dueños!"

Hay que aprenderse la lección.

-Llega el jueves, día de pago; de pronto el elevador se convierte en lata de sardinas, y por la escalera desciende un tropel que baja de a tres por brinco los escalones, para quedar en primer lugar en la fila de la casa de cambio, con tal de hacer efectivo cada uno su cheque. Con tanta rapidez, el arroz con gandules y pernil le cae mal a la boricua que se exprime la barriga. "No baños para clientes" dice el letrerito en el cashier. ¡Qué tragedia!

La línea avanza e innatas dotes de contables dividen salarios en mil y un compromisos según se escucha: renta, electricidad, teléfono, cable, supermercado, el pasaje del tren el salón de belleza, manicura, pedicura, las pastillas, el pago del colegio, el cine, el sobre de la iglesia, la farmacia, la remesa a la familia allá en el país, los menudos para la maquina en la lavandería, y hasta los de las maquinas del casino, de los que se van para Atlantic City, los fines de semana. ¡Aja! Se me olvidaba; ¿los gastos del viaje anterior al país, que todavía estoy pagando después de seis meses?

Comentarios que escucho a mi espalda, cosas dejarían con la boca abierta a cualquier pareja de comadres allá en la patria.

¡No te lo creo! Esos son embuste tuyo. ¡Habladora!

De nuevo el timbre. ¡El tiempo vuela!

El Boss, con sus ojos de pavo cagón, su panza de pájaro bobo, su doble papada y las llantas de grasa que parten sus caderas en tres, sentado en aquel estratégico lugar, parece que realiza algún trabajo con un ojo, y con el otro, se asegura de que no se pierda un segundo en estornudar o tirar un pedo. Pareciera que en los estatutos de aquella compañía hubiesen decretado leyes, las cuales rezaran de esta manera:

Prohibidos los malestares estomacales, con sus consecuentes viajes al retrete, y su gastadero de papel higiénico. El estreñimiento, y sus diez minutos de pujos, acompañados con sus respectivos mareos, quejidos y sudores. Menstruaciones caudalosas, y uso de calmantes, causa de tanto sienta y párate de la máquina.   Menopausias con sus chisguetes de calor. Fiestas familiares los fines de semana, causa de sus consecuentes resacas o crudas, del siguiente día. Embarazos, causa flojeras, náuseas mañaneras, ausencias y tardanzas y los viajes al Ladies Room. Las detenciones del tren en medio de los túneles, las excusas más comunes, sean ciertas o no.

Es una manera de decir que a Mr. K se le pintan de rojo las orejas con esas excusas, pero la mayoría están protegidas por las uniones.

*

La relación entre los operarios/as en aquel lugar, es armoniosa se podría decir. No obstante siempre hay uno/a que se pasa el tiempo armando bochinches tan enredados como los líos que se forman en la caja de bobinas.

Son tantos que pareciera que hay hasta competencia de quien arme el chisme más enredado y diga la palabra más sucia.

Que el jefe es un hijoeputa, es cosa de aprendices. Había algunas tan sucias, que después de cinco o seis partos, había mujeres que juraban no haberlas escuchado nunca. No obstante, existe cierta armonía y compañerismo, porque se defienden y cooperan unos con otros; todo lo demás es el resultado de haber nacido en hogares donde los valores se quedaron llorando fuera, ansiosos por entrar a formar parte de cada núcleo familiar. Aun así, calladita me había propuesto conseguir un trabajo mejor, y sabía que lo conseguiría, porque lo que se pone en la mente no falla.

"Es que no tienen, ni mi educación, ni apellido" dijo una alzada que no sé a qué grupo de los establecidos por la sociedad pertenecía, porque a alguien alguna vez le tocó un trabajo inmenso dividir la sociedad en alta, media, media baja, baja y más abajo. A mí me resulto muy fácil dividirla en solo dos grupos: Serios y sinvergüenzas, los que se encuentran en todos los grupos anteriores.

Sin embargo, allí se vive el utópico sistema de igualdad de clases, donde todos reciben el mismo boche, y más o menos el mismo cheque, y comer el mismo moro trasnochado, tanto quien proviene de familia pudiente y tiene una carrera universitaria, como el que procede de familia sin recursos, y no ha tenido la oportunidad de terminar ni siquiera la escuela primaria.

De la misma manera, juntos disfrutan de momentos que los ayudan a descargar la compresa emocional de estar lejos de los suyos. Como aquel día en que una muchacha, sin dejar de mover las manos, ni despegar el pie del pedal, un veintisiete de febrero, entona el Himno Nacional Dominicano. Le hago dúo, y un escalofrío de emoción, recorre mi cuerpo, expuestas a que nos llamaran la atención, pues honrar lo nuestro no estaba amparado por los estatutos la unión, aun así, una masa coral se formó en el momento.

La radio hispana es otra compañera inseparable de esta gente, cuya música los transporta en viajes de ilusiones a su tierra. Hay allí personas de diferentes partes del mundo. El haitiano, el dominicano, el boricua, el uruguayo, nicaragüense y hasta el hindú y el polaco, comparten sin fronteras.

-¿Qué tienes ocho guaguas en tu país? ¿Pero muchacho er diablo, Y qué haces tú aquí pasando trabajo? Le dice un dominicano a un nicaragüense. En dominicana las guaguas son medios de transporte, y en Nicaragua son niños. ¡Qué enredo!

*

Mireya muy afanosa va cadenciando su nalgatorio por los pasillos, mientras sirve trabajo sin hacerse esperar.
-¡Gracias Mireya!-

Tomo asiento y comienzo a laborar cuando entra un nacional haitiano como poste de electricidad caminando por el largo y estrecho pasillo. Su piel delata la esclavitud centenaria, mientras se dirige hacia la máquina que le indicaron al final. Balancea su cuerpo al caminar, por un defecto en una pierna. Su timidez típica de personas que desconocen su propio valor como tales, o así lo han condicionado para que lo crean. Su edad fluctúa entre los treinta o treinta y cinco. De momento enhebra y comienza a tirar piezas, como poseído por algo sobrehumano, demostrando su destreza en ese campo, y su agilidad es del mismo tamaño del hambre que como hiedra está adherida a sus huesos. En su país trabajaba en zona franca, pero los bajos salarios y la falta de protección al trabajador, lo sacaron de allí con una patada en la retaguardia como la que le había propinado el guardia Duvalierista, causa que lo llevo a meterse en el viaje ilegal que lo consignó a la capital del mundo.

Pasa la semana y el muchacho aumentando la producción de aquella fábrica, pero no cobrará, porque según nos enteramos, el Boss lo está probando. Es la hora en que ni siquiera conoce el precio por pieza, porque no habla con nadie, es como si en su ser se agolpara la tristeza y abandono de su pueblo, muy bien retratados en: "Una boda en Haití" de nuestra prestigiosa escritora: Julia Álvarez.

Decidimos solidarizarnos, por medio de José el dominicano cabeza caliente y amigo de todos, pero principalmente lava sacos, del Boss. Este sirvió de enlace, dejándole saber que de no haber solución, haríamos una huelga de máquinas apagadas hasta que fuera fijado y se le pagara la labor realizada. No obstante, el hecho le costó a José una mella en su amistad con el Boss, -alguien por allá diría que se le acabo el lambonismo- pero se logró que se le pagara hasta el último centavo, gracias a que cada etiqueta en el cuello llevaba sus iníciales, sin tener que recurrir a la protesta. Entonces nos enteramos de que el haitiano es indocumentado. La etiqueta de ilegal que le cosen en la frente como pieza de vestir, le derrite la dignidad como cera en candela, por eso él la tenía bien oculta. Luego nos reímos cuando José, el benefactor, dirigiéndose al haitiano en español, le dice: *"Muchacho abre los ojos, que yo no fui creado pa' semilla, y date cuenta de que el bobo al cielo no va, porque lo joden aquí, y lo joden allá"*. El haitiano sin entender ni papa, se ríe de la ocurrencia de José, enseñando hasta la muela del juicio, porque sabe que la expresión de José, es sincera; los demás también nos reímos con gusto, por la satisfacción que produce el hacer valer la justicia, a costa de lo que sea, porque también nos vimos en peligro de perder el trabajo por entrometidos.

El rostro de Mr. K, esta acuñado en una moneda, porque carece de expresión, en contraste, sus empleados son la imagen de un payaso que ríe y hace reír de lo más mínimo, para sobrellevar la presión que significa trabajar en aquel lugar.

La diferencia de idiomas tampoco es obstáculo en aquel lugar, porque un tercero sirve de enlace entre todos los demás: el español, el creole, el chino, el italiano, el ruso… y el griego idioma del Boss. Todos son dejados de lado para dar paso a su majestad el Inglés, el que nos enlaza por medio de dos o tres que lo picotean y sirven de intérpretes, porque: *"En el país de los ciegos, el que tiene un ojo es rey"*

Conocí en doña Ana –la compañera del tren- a una persona solidaria, con los pies plantados sobre la tierra, ingrediente que contienen algunas personas que hacen que se me peguen como tatuajes. En ocasiones ofrecía palabras de aliento a cualquiera de los compañeros; especialmente en esos días en que se amanece con el deseo de tomar un avión y dar al traste con todo, cuando ataca el hambre de ver la familia lejana, se pierda trabajo u oportunidad de volver. Sus palabras eran impulso, principalmente para aquellos que por una razón o la otra, no tenían la posibilidad de salir corriendo. Un día de esos, doña Ana hace referencia a una partecita de su historia.

Sucede en abril de 1980 cuando se da el más dramático éxodo de cubanos, hacia los Estados Unidos. El detonante estaba alojado en la mente de un joven que lo había intentado en innumerables ocasiones, y cuando se decide lo hace junto a cuatro personas más, tan decididas como él. El plan es arriesgarse a estrellar su vehículo contra la embajada Peruana en Cuba, salga pata o gallareta, para exiliarse. Otros cubanos ya lo habían hecho anteriormente con éxito.

Yo, -cuenta doña Ana- que esperaba una oportunidad como esa, me colé en el grupo y es así como pude salir del país.

La odisea de aquella embarcación abarrotada de personas de todas las clases sociales, era inenarrable. Durante su relato, pude percibir en su temblorosa voz, el miedo hasta de recordar lo sucedido, pero también su determinación.

Al conseguir otro trabajo mejor, el que narraré más adelante, dejé la factoría, Doña Ana quedó allí, y jamás volví a saber de ella. Sucede a menudo; Hay relaciones que se mantienen a pesar de años y distancias, pero la mayoría queda en los recuerdos.

LA VALENTIA DE WILLIAM

Ese día, el último en aquel lugar de trabajo. Antes de salir, escucho una operaria llamada Mariana, relatando algo sucedido a un muchacho dominicano que acababa de llegar:

Mi hijo le consiguió trabajo, -dice Mariana- y como vive en un cuarto, allí no tiene ambiente, por eso nos visita de vez en cuando, por las noches. Resulta entretenido conversar con él.

Conéctame con él Mariana si te es posible. Me interesa su historia.

-¡No hay esperanzas de la juventud!" "! Que nos espera!" "! ¡Son irresponsables, haraganes, y dados a la vida fácil y a los vicios!" ¿Dónde estarán los profesionales del futuro?

No se preocupe Señora. La historia de William, le dirá lo contrario.

Vivimos en la frontera, -comienza William- y aunque no éramos ricos, nuestros padres se empeñaban en que obtuviéramos una carrera. Es a principios de los noventas y estoy a punto de graduarme de arquitectura, cuando me veo forzado a dejar los estudios, porque algo sucede en mi casa, que me obliga a cambiar de planes repentinamente.

Papá, que a sus cuarenta y cinco estaba lleno de energía y de ilusiones con su familia, de momento se ve afectado por un cáncer, el cual en poco tiempo, acaba con su vida, dejándonos destrozados por el dolor y sin un centavo, porque todo se gastó tratando de salvarle la vida, y luego todo lo demás...

Como soy el mayor, decido tomar las riendas de la familia, dedicándome a buscar trabajo. Los muchachos ahora cambiarán de colegio privado a la educación pública. Un cambio drástico en todos los sentidos. Hasta mamá que tenía personas que trabajaran para ella, está cociendo ropa ajena, vendiendo productos de belleza por catálogos y haciendo los quehaceres de la casa.

Falto de experiencia, es la primera objeción que me ponen dondequiera que presento mi currículo, que solo presenta estudios y trabajo social en la comunidad donde vivo.

En visita a mi novia, llega allí un amigo de esa familia, de algunos cincuenta años de edad; de vestir tradicional y elegante, y con ese porte de hombre serio, compraría al más astuto. Conciso y al grano, el señor expone lo siguiente:

"Tengo un negocio para hacerse rico en poco tiempo, y busco alguien que se quiera asociar conmigo"

-¿Cuál es el presupuesto requerido?

¡Ninguno! Solo hay que estar dispuesto.

Me gustaría conocer más del asunto, ¿Podemos salir a dar una vuelta? Le digo.

Se trata de un viaje al extranjero cuyos gastos se pagarían después de llegar y comenzar a trabajar.

Como me parece bueno -según me es planteado- me hago socio de boca, por decirlo así, sin llenar ningún papel, y sin conocer a fondo el negocio. Tal era el apuro por salir adelante.

-¡Sácate un pasaporte! -Me dice- Yo me encargo de la visa. Si no tienes dinero yo te presto. No te tienes que preocupar por alojamiento cuando llegues a Nueva York. Iras a mi casa hasta que te estabilices.

Mejor de ahí se daña -me digo- por eso no hago más preguntas, pues temo que mis dudas quebranten la magia de un proyecto que luce fantástico.

"Nunca te vayas con toda la sed a la tinaja" decía Papá, por eso me hago la idea de que si veo algo turbio, saldré lo más pronto posible, pero en este momento no quiero escuchar a nadie y solo arriesgarme, porque la situación es precaria y también creo en que no hay peor diligencia que la que no se hace.

Mis planes eran ejercer mi profesión en mi país después de graduado, formar una familia, y cuando estuviesen las condiciones, viajar con ellos por el mundo, sin embargo, después de ese encuentro, no pienso en otra cosa.

Personalizando a San Pedro, con las llaves del paraíso en las manos, el señor me avisa que saldremos en dos semanas; mientras tanto, estoy ansioso por saber en qué va a parar esto.

Le comunico mis planes a mi novia, y decido a hablar con mi madre cuando todo esté listo. Cuando lo hago, ella, mirando lo firme de mi decisión, no tiene más remedio que apoyarme consciente de que cualquier objeción suya, no serviría de nada, porque sabe lo decidido que soy cuando me propongo algo. La pobre está llena de temores por las noticias malas que ha escuchado, relacionadas con viajes arreglados. Como vestido con ropa prestada, me cubro de una seguridad que estoy lejos de sentir, y le hago algunos encargos: *"Dale la noticia a mis amigos después que yo llame, y le regalas a Juanchi, la ropa y los zapatos que voy a dejar, y mis libros de la universidad, los demás me los dejas ahí mismo en el librero"*

Dicho esto, me trago las lágrimas, porque no quiero hacer el momento más difícil. Entre tanto, hago el firme propósito de recuperar algún día las cosas valiosas que estoy dejando atrás.

Una tarde, alrededor de las cuatro, la bocina de un carro en la puerta del camino me alerta de que ha llegado la hora, y junto a aquel señor, salgo rumbo al aeropuerto Gregorio Luperón, de la atlántica ciudad de Puerto Plata.

A poco correr, veo el carro de mi padrino estacionado a un lado de la carretera, por lo tanto bajo la cabeza y me cubro el rostro con las manos para que no me vea. De haberse enterado, igual como lo hubiese hecho mi papá, me convence de deshacer el proyecto, y en el momento sentí cierta culpa.

Después de tres horas de vuelo, el avión aterriza. No tengo problemas en la entrevista de emigración porque según los resultados, la cuña no es de cualquier palo. Siguiéndole los pasos al señor, entramos a un estacionamiento donde espera un vehículo que brilla como un espejo. Desde ahí tomamos carretera y cruzamos un puente larguísimo, cuando al llegar a la salida, escucho a mi acompañante decir entre dientes: Esto es Washington Heights. Todo fue tan fácil, porque con eso de los viajes, yo tenía en mi mente un mundo de dificultades. Más trabajo me había dado llegar a Santiago en el metro, desde Dajabón. Recoger la maleta y el chequeo fue todo rápido.

El señor es una botella con tapón, y yo también pago con silencio. Diferente a aquel domingo en que me puso las cosas en bandeja, donde se mostró tan amable, hablando hasta con la nariz.

Son cerca de las diez de la noche, cuando entramos a un edificio en los alrededores del mencionado puente; y yo soy un perro faldero siguiéndole los pasos. Observando cómo avanzan los números del elevador que tomamos, me doy cuenta de que se detiene en el sexto piso. Mi mente va grabando lo mínimo en caso de que tenga que salir huyendo. Entra la llave en la cerradura de una puerta donde espera una familia. Los saludos entre ellos y yo son solo cortesía y para mi resulta embarazoso el momento. Luego la cena -que más bien es una comida de la nuestra de noche, se desarrolla entre conversaciones familiares donde yo no tengo participación alguna:

-¿Cómo quedó mamá? ¿Cuándo viene Juliansito?

-"Parece que piensa quedarse, porque no se mencionó viaje".

-Estoy tenso por la convivencia de buenas a primeras con una familia extraña. No encuentro por ningún lado el meollo del asunto, ni donde descansa su interés en ayudarme ni el beneficio que le aportaré, porque tampoco me ha hablado de precio por vivir en su casa. Además me intriga que ese hombre arriesgue tanto por mí, casi sin conocerme. Soy un ser llegado de otro planeta a aquel hogar, y trato de parecer lo más ecuánime posible, aunque me siento algo así como secuestrado. Solo nos une el delgado hilo de referencia de la amistad de éste con el padre de mi novia, y estoy ansioso por llegar a la última página del cuento que se va desarrollando en medio de un gran suspenso.

Dejando la pareja en el comedor, retiro mi plato dejándolo en la mesa, doy las gracias y pido permiso para pasar al baño, debiendo cruzar por la sala, por donde me indicaron. Al pasar frente a un cuarto, escucho unos muchachos comentar sobre un come plátanos recién llegado. No sé si se refieren a mí, ni me importa. Salgo del baño y me dirijo hacia una ventana que da a la calle, donde me pongo a observar el panorama y a apreciar mejor la vista del puente. -Fort Washington- dice un rótulo en un poste de la calle. Me detengo a apreciar el giro que ha dado mi vida en cuestión de horas, entonces le doy rienda suelta a las lágrimas, detrás de las gruesas cortinas que son mis cómplices. Nada nuevo sucede que me saque del momento raro que estoy viviendo, ni siquiera un carro que le dé un porrazo a otro y reúna gente, sucede en la calle, excepto el murmullo de esos muchachos en la habitación que luego comenzaron a salir como ratones a procurarse alimentos y esconderse de nuevo. Sentí el volumen de sus cuerpos cuando pasaban, porque el piso protestaba chillando, mientras que yo me mantenía prácticamente invisible.

"Los *hombres no lloran carajo*" Decía mi padre. De estar vivo, él sí me lo hubiese impedido, por lo tanto el cerebro se encargó de borrar esa parte de mi realidad, dejándome el camino libre para desahogarme.

"Mientras yo tenga dos brazos, ustedes no se meten en esas pendejadas" En cambio, cuando pienso en mamá y su soledad, el calibre de hombre cae al piso, y me convierto en un papel a merced del viento y las lágrimas gotean hasta rodar al piso. No quería molestar ni siquiera con sacudirme la nariz, por eso la exprimía con el pañuelo, hasta dolerme.

La brillantez de aquellas luces azulosas, la longitud de aquel puente gigante, y el ajetreo del tráfico de vehículos, entre pitos de ambulancias, y sirenas de bomberos y policías, que ahora se escuchaban, opacan mi tristeza, aunque no supe la razón del movimiento. Agradezco la complicidad de las cortinas, porque estoy ávido de soledad para poder pensar. ¡Quien tuviese un cuarto y una cama! Pienso en la mía, y la veo como la de un rey. Es la media noche y el sueño me vence, cuando hago el intento de sentarme en el mueble más cercano y tratando de no hacerle peso alguno voy bajando lento y liviano como pluma de ave, entonces miro el señor acercarse y halar el que me queda al frente que crece y se extiende hasta convertirse en una cama que ocupa todo el espacio de la sala.

"Amigo, usted va a dormir aquí, luego a las tres nos levantaremos para atender una misión importante".

Por su apariencia debe ser un gran empresario. Sólo el reloj de pulsera es una mina de diamantes, y las cadenas y anillos son luceros que lanzan flechazos de luz, aun con las luces encendidas.

El anuncio me pone contento, pues voy a salir no solo de aquel apartamento, sino del mundo de enigmas en que me encuentro y mis manos frotan la esperanza como amoldando un cigarro.

¡A trabajar! ¡A ayudar mi familia! Ya la pava no pone donde ponía.

¡Trabajar a cuatro horas de haber llegado! ¡De madrugada! Soy suertudo porque un conocido me había dicho que tardó tres meses para conseguir trabajo. Por el momento me siento más dichoso no solo que él, sino que cualquiera, y no me pesa aunque nunca había dado un golpe.

¡Suena la alarma! Son las tres y yo no he pegado los ojos!

¡Ni modo! ¡tienes la nariz de por medio! me hubiese dicho enseguida Ariel, compañero de la universidad que priva en comediante, y hasta me río; episodios de mi gente que venían a mi mente como flechazos y que yo rechazaba, porque me dolía su recuerdo, por la traición de haber salido como un fugitivo.

"¿Que el hijo de don Tomas se fue por la izquierda?

De un salto caigo en el baño. Me aseo rápido, no como en mi casa que hacía de ese lugar un festival de canciones, silbidos y chapaleos, y hasta escucho a mami gritar: "¡William, se te hace tarde para las clases!"

Al salir le toca al señor en medio de un ambiente aromatizado. ¡El café! todo me recuerda mi casa- mamá- los muchachos- mi novia. Entre sorbos recibo un seminario de cómo usar una pistola, pues al preguntarme, recuerdo haberle dicho aquel domingo, que nunca había tocado un aparato de esos; conversaciones premeditadas de su parte, mientras que yo, ahora es que caigo en la cuenta de que algunos temas que allí se trataron, estaban relacionados con este momento, pero ni en sueños lo hubiese imaginado. Uno piensa que sabe, pero siempre habrá gente preparada para hacer que otros hagan lo que ellos quieren, teniendo por aliadas, las circunstancias.

"Colócatela de esta manera ahí en el bolsillo del abrigo. -Un abrigo pesado que sacó anoche de la maleta y me lo prestó cuando salimos del aeropuerto- Así estará a mano cuando tengas que usarla."

¡Ni Dios lo quiera! Pero tengo que defender el negocio del que formo parte, mientras que una espinita de duda comienza a punzarme, pues yo no tengo permiso para portar armas de fuego ni siquiera en mi país donde cualquier pluma de burro tiene una pistola. -Aquí hay gato encerrado- Mi lucha ahora se concentra en no mostrar debilidad hasta tocar fondo.

Con aire jerárquico, el señor se coloca la suya en la cintura debajo de la correa; bajamos a la calle y caminamos hacia el estacionamiento.

Rodando ligero, tomamos de nuevo el puente desde donde se observan las cúspides de los altos edificios a través del espacio vacío sobre el ancho río, donde dos torres altísimas eran las reinas del paquete de edificios, todas rascando el cielo.

¿Cómo se llama el río?

Es el Henry Hudson.

¡Oh, este es uno de los ríos navegables de Los Estados Unidos. Geografía de primaria que grabé en la memoria solo para pasar el examen. En ese tiempo por nada del mundo hubiese pensado en cruzarlo, ni montado ni a pie; ¡como da vueltas el mundo!

Este señor habla con monosílabos, y sacarle palabras es lo mismo que raspar concón de una olla. En cambio mi cerebro es otra olla pero de presión, porque las preguntas suben y bajan, hirviendo desafiantes. *"¿Cuál será mi horario de trabajo?""¿Será madrugador como hoy?""¿Tendré que viajar lejos todos los días?""¿Tendré que hacer uso de esta pistola en alguna ocasión?"*

Me erizo de nuevo, pero no me amilano, prefiriendo que las cosas caigan a su tiempo, como mangos de la mata.

"Newark International Airport" ¡Oh por aquí fue que llegamos anoche! Ahora lo observo mejor. Después de mucho correr, llegamos a un lugar que de tantos letreros lumínicos parpadeando, es un árbol de navidad anunciando casinos, hoteles y otros negocios. De repente el vehículo se detiene en un lugar que a mí me parece una gigante ratonera debajo de un edificio comercial. Saca de debajo del asiento un maletín de cuero que de acuerdo al esfuerzo realizado, pesaría unas diez libras. Con el vehículo cerrado, me lo entrega esquivo y mirando a todos lados; luego saliendo de él, juntos caminamos hacia la calle subiendo unos cuantos escalones. Todavía esta medio oscuro entonces se detiene y me dice:

"Sostén esto con firmeza y dirígete a ese edificio que está al frente. Ahí lo vas a entregar. Yo te observo desde aquí. Tocas el timbre, y le entregas esta tarjeta al guardia de seguridad que está sentado al pequeño escritorio. El habla español, te está esperando y te indicará donde está el ascensor, al piso que vas a subir y la puerta que vas a tocar. Alguien te va a entregar otro maletín similar. Asegúrate de hacer correcto el intercambio. No te preocupes, todo saldrá bien; nunca ha pasado nada, pero si tratan de pasarse de listos, como tú eres novato, defiéndete. Tú tienes con qué y yo estaré esperándote para salir lo más rápido posible.

Jugar a la ruleta rusa me parecía tan estúpido como los idiotas que lo intentaban, y al escuchar semejantes instrucciones, lo estoy haciendo. Confirmo mis dudas sobre aquel bisnes, como le llamó el señor cuando se despidió de su esposa con un beso: "!*Chao, Jany voy a hacer un bisnes, nos vemos más tarde!"* Yo pensé que bisnes era algún trabajo normal.

Ahora mi situación está tan clara como la soleada mañana, que comienza a hacer germinar la decisión que ha ido incubando dentro de mí; pero el momento no es propicio todavía. De todos modos, me armo de coraje para terminar la tarea porque aquel señor, aunque a simple vista parece un "tate ahí" si no le obedezco, reclamará de cualquier manera lo que le costé para llegar hasta ahí; y yo, ¿qué puedo hacer en el momento?

Maletín en manos, sigo las instrucciones. Por un momento deseo ser el hombre invisible, pero aquello era ficción, y esto, una tremenda realidad. Me siento protagonista de una película de espionaje de las que tanto disfrutaba cuando los actores eran otros. Desde ese momento revuelvo en mi mente la idea de abandonar todo, en caso de que salga vivo. Las quijadas me temblaban igual que las rodillas. *"¡Papá si me estás mirando! ¿Qué pensarás tú de mí? ¡Ayúdame a salir de esto, y perdóname por favor"! ¡Tú sabes que quiero ser responsable con la gente que dejaste a mi cargo.*

¡Mi hijo, tu eres el hombre de la casa! Me había dicho momentos antes de espirar.

¡Papa, entiéndeme, es que estoy ensayando a ser hombre! Pero el ensayo me ha salido pesado. ¡Yo no sabía en lo que me estaba metiendo!

De todos modos, hago la transacción como un verdadero negociante de ese mundo; le entrego el maletín de dinero al traficante y al desplomarme en el asiento sentí que se hundió porque ahora mi peso es doble porque se le agrega el de mi conciencia. – ¡Yo! ¡Yo no! ¡No soy narcotraficante! Le repito a mi subconsciente para que no se lo vaya a creer y se acostumbre. En cambio, noto en este señor, la satisfacción de un jefe cuyo subordinado cumple al pie de la letra con su trabajo, por esa razón, haciéndose el gracioso, de vez en cuando suelta algún comentario:

"! Está claro el día!" "Va a bajar la temperatura a la noche" "Compraremos agua en la próxima, o comeremos algo" y hasta uno que otro chiste se le salía de vez en cuando. Me doy cuenta de que si me quedo, seré su aliado, entonces conversaremos como comadres. Es como una rutina a la que aquel señor está acostumbrado. Él estaba esperando probarme y éramos dos, porque casualmente, yo también. Ahora mis emociones están inactivas por el sueño, el cansancio, y la toma de decisión que quiero hacer sin saber de qué manera.

En mi campo, siempre hago el ambiente en las reuniones, porque me gusta tanto entretener, como disfrutar de la gente, -el payaso del grupo- pero en esta ocasión estoy tan esquivo como un gallo en la funda de un gallero, y no es para menos.

Al arribar al apartamento, es alrededor de las nueve de la mañana. El desayuno que está en la mesa, me transporta a mi casa en un dos por tres. De nuevo extraño mi mamá que es tan buena cocinera, que saca un suculento plato, hasta de las cáscaras de los plátanos. Ayudo a quitar la mesa y limpio mi plato como miré que allí se acostumbra; no como anoche que lo deje en la mesa por la costumbre, como tenía a mamá que lo limpiaba. Pobre vieja, pero de aquí en adelante le voy remunerar con creces sus sacrificios.

En el apartamento se respira soledad-silencio. Los muchachos me imagino que están en la escuela. Muerto del sueño recuesto una silla a la pared del largo pasillo que da a la puerta de salida, pues acostarme de nuevo en aquel mueble, se me hace muy familiar. Además ya está ensamblado listo para servir de asiento. Trato de mantenerme tranquilo pero por dentro la incertidumbre me está matando. Estoy a la espera de los policías tumbando la puerta, quienes según yo, vienen siguiéndome.

Meto las manos en los bolsillos del pantalón; estiro las extremidades y me voy en un sueño profundo. De repente me encuentro sentado en un avión gigante, propiedad de la línea aérea de mi subconsciente, donde el único pasajero que lo ocupa soy yo. Vuelo de regreso sobre los mares, cruzando fincas plateadas de blancas espumas y luces de colores, cuando el sol enfoca los miles de diamantes que se divisan allá en las superficies profundas. Cosas que me perdí por la noche pues solo divise oscuridad. A poco rato el mar se pierde cuando una capa de nubes se interpone, entonces salgo en pleno vuelo, abriéndome paso entre las espesas nubes. Estas de repente se convierten en una larga escalera que llega al suelo por donde comienzo a bajar. Desciendo rompiendo con las botas los conucos de algodón, y a la par espanto las manadas de ovejas que se forman con los nimbos y cúmulos. De pronto las nubes se disipan, y la tierra se alborota saliendo a recibirme como perro sato que moviendo la cola, sale al encuentro de su dueño.

Volando como Superman, caigo suavemente en mi casa; Observo correr las lágrimas de mi madre cuando sirve la comida. En la mesa, los muchachos esperan cada uno con su plato por delante, pero dos lugares muy significativos están desocupados. Trato de apretarlos a cada uno contra mi pecho y decirle a mamá que lo siento. Que me fue mal y armarme de paciencia para escuchar sus desacuerdos sin expresar, pero mis brazos y mi lengua, no me responden porque los siento muy pesados. El patio está solitario. El burro rebuzna amarrado a un estante de la enramada, añorando los seres queridos que han partido últimamente sin darle ninguna explicación. Burro al fin. Las gallinas cacarean mirando fantasmas y mi novia aparece en silueta en la escena, y al tomarla entre mis brazos, se desvanece como las nubes entre mis dedos.

En esas estoy cuando el sonido peculiar de los cojines plásticos, botando el aire al ser aplastados por una pesada corpulencia, me traen a la realidad.

"¡Okay muchacho, muy buen trabajo! ¡Yo sabía que podía contar contigo, porque yo, donde yo pongo el ojo, pongo la bala! Ahora acuéstate y descansa; yo haré lo mismo pues esta noche tendremos otra tarea más complicada, pero más jugosa.

"*¿Mas qué?*" el final de la frase me trae a una realidad embarrada de inquietud, entonces me extiende un fajo de billetes ligados por el medio soltándome una muy dominicana expresión:

¡Mire Macho, agárrese de ahí! Y retorna a su descanso. Mis ojos se convierten en los de un torturado en la silla eléctrica. Porque solo he visto un paquete tan grande de dólares, por televisión- Quiero rechazarlos para no comprometerme aún más, pero debo tomarlos hasta organizar mis pensamientos.

En segundos se escuchan los ronquidos de un oso gigante; tiempo de entrar en acción. La señora esta por ahí haciendo algunas tareas, mientras tanto, tomo una parte de dinero que deduzco paga la deuda de viaje y alojamiento, y se los entrego diciéndole: "Señora, voy a dar una vuelta por ahí; no tengo sueño, y quiero aprovechar para conocer aunque sea la cuadra"

-"Hágame el favor de entregarle eso a su esposo, y dígale que luego hablamos"

No se preocupe, -dice la señora tomando mi encargo- él no despertará hasta eso de las cuatro de la tarde, solo si yo lo llamo"

-O sea, que tengo tiempo para poner distancia de por medio porque son las 11: a m-

Mi cartera ahora abultada, hasta ese momento había sido la sala de un estudio fotográfico: Mi padre en cama, dos días antes de fallecer. Mi madre con mis hermanos; mi novia, el último viaje a la playa, yo con mi mama y con mis hermanos...Coloco allí una parte de los billetes, y la otra en un bolsillo interior del abrigo, lo tomo y salgo disimuladamente antes de que la señora me sugiera: ¿Porque no dejas aquí tus pertenencias? En el elevador me pongo el abrigo y al bajar a la calle alcanzo ver un letrero que dice "Broadway" y hacia allá me dirijo.

Momento de tentación. Tomar ese dinero me involucra. Siento el deseo de quedarme en aquella casa hasta que oriente mi vida en un lugar donde no conozco a nadie. Valoro aquel techo, pero la fuerza de un imán me hala de ese lugar.

Había crecido en un hogar con valores; Tenía conmigo el sello del ejemplo de mis padres. Había sido líder de grupos y sabía lo que les afectaría a estos jóvenes mi conducta cuando se enteraran que mi ocupación, porque las noticias malas tienen alas, y se esparcen como la pólvora, ya que existen mensajeros voluntarios dedicados a difundirlas, porque sus vidas están llenas de tropiezos, y creen que revelando males ajenos, aminoran los propios.

Soy un pájaro sin nido, pero no me detengo a pensarlo ni un segundo porque es cuestión de ganar tiempo. Paso frente a las tiendas sin comprar nada; observo las caras de las personas tratando de reconocer a alguien. Soy un ser caído de un avión, en medio de un reperpero de gente que viene y que va, caminando como al que lo van persiguiendo.

De momento decido cubrir mi identidad, cosa que hago sin llamar la atención, gracias al frío: abrigo, guantes, bufanda, y el gorro que me cubre cabeza y cara, y hasta unas gafas me compré. Frente al espejo de la tienda compruebo que ni mi mamá me hubiese reconocido; es más, ni yo mismo, pues parezco gánster de película.

El tiempo pasa por encima de mí, y son las cinco de la tarde cuando decido entrar a un restaurante. Cónchale, caí en mi propio patio porque hasta habichuelas con dulce y majarete tienen. Quiero orientarme preguntando pero no quiero revelar mi situación migratoria pues ni yo mismo la conozco ya que teniendo un sello en el pasaporte, desconozco su legalidad, por tanto estoy metido en un callejón sin salida. En eso fallé, pues no le pedí explicación a mi benefactor. Todo fue tan rápido. Tampoco sé dónde voy a pasar la noche, y a eso de las siete me dirijo a los bancos de un parquecito que está en una rotonda frente a un hospital que toma una cuadra completa pero larguísima. Me quedo allí a sabiendas de que me estoy exponiendo pues soy un prófugo de aquel señor que me ayudó a llegar hasta donde estoy, y que el día siguiente cuenta conmigo para su próxima movida.

Grrrrrrrrrr! ¡Qué frío! Mocos y lágrimas salen sin expresión de llanto; mis dedos debajo de los guantes son palitos de hielo, y me duelen, y con mis dientes se puede montar una fiesta de tap dance, porque son unas castañuelas. Me meten cuchillos en el tímpano. ¿Qué hago? No quiero desesperarme, pues en esa situación, no se piensa, pero aquí tampoco podré dormir. Esta demasiado frio y el banco muy duro.

Unas piltrafas de suciedad y deterioro, que con las cabezas metidas entre las piernas son caricaturas frisadas de seres humanos, cosa que no esperé ver en la gran ciudad en un espacio lleno de papeles, latas vacías, y toda clase de desperdicios.

Un señor con aspecto de gente buena, parece que espera el autobús, porque a cada segundo alza la mirada hacia el final de la ancha vía; intento hablarle y peguntarle algunas cosas, pero no me atrevo, por los comentarios que había escuchado que la gente que emigra se convierte en insensible con los nuevos emigrados. No puedo soportar el sueño y me recuesto en el motrete de cemento. Decido por el momento aguantar la incomodidad. Luego me dedicaré a contactar algún conocido de mi pueblo que me oriente, o me ayude a hacer alguna llamada, pues no quiero volver a mi país por el momento, en caso de que no amanezca hecho un block de hielo.

Me entretengo mirando los autobuses que, exacto cada cinco minutos –pues estoy pendiente del reloj- se detienen en la parada para recoger o dejar algún pasajero. Los taxistas merodean alertando los pasajeros con el sonido lento de sus bocinas. -Zona hospital. -No bocinas altas- dice un letrero y de esa manera comienzo a conocer el movimiento de la ciudad.

Oscurece cuando se suscita una pelea entre jóvenes que corren como celajes. Igual que ellos, las botellas parece que tienen alas, porque vuelan sin reparar en los transeúntes; los muchachos buscan escondite por todos lados, entonces se escuchan tiros. Al sonido de las sirenas de los carros policiales, comienzan a dispersarse, y tres de ellos son abejas asentándose en lo que yo elegí como mi refugio. No quiero que me confundan, entonces me paro y comienzo a caminar como quien no quiere las cosas. ¿Me refugio en el hospital? ¿Y si me piden identificación? Entonces alcanzo ver un letrero que dice: -Subway- Por las películas sabía que era una entrada a los trenes que van por debajo de la tierra. Voy guiado por algo invisible, bueno o malo, no sé pero en ese momento soy un sonámbulo en potencia. Las personas bajan las escaleras y pasan por unas cosas que dan vueltas. No me fijé que entraban una moneda y cuando empujo con fuerza, y entro rápidamente me doy un golpe en la cintura tan grande que después de años, todavía me duele. Una señora se percata y entra la moneda que me tocaba entrar a mí, entonces puedo entrar. ¿Sería un ángel? ¡Que Dios la bendiga, digo todavía! Al bajar las escaleras ocupo un banco en la plataforma y me pongo a mirar pasar los trenes en ambas direcciones. Estoy bajo techo y me siento protegido porque hace menos frio, hasta que la claridad del siguiente día, me indique lo que debo hacer. Nadie me llama la atención por estar ahí. Lo que quiero es estar lejos de aquellos muchachos que me dieron mala espina. Sin noción del tiempo, me duermo profundamente con el bulto de cabecera, y al despertar, me duelen hasta las hebras del cabello.

De modo inesperado llegan hasta allí los revoltosos y deteniéndose frente a mí, comienzan a hacer gestos de burla sacando y enseñándome un dedo, mientras que yo me mantengo tranquilo, dizque indiferente.

Como abejas se mantienen en constante movimiento, encendiendo y compartiendo cigarros e inyectándose. También absorben algo por la nariz.

Me paro para salir, y al hacerlo, uno de ellos me impide el paso; empuña mi camisa a nivel del pecho y me taraquea, mientras otro experto en oratoria, toma la palabra:

A este novato come mierda hay que darle una lección, para que no meta sus narices donde no lo llaman.

Sus palabras son olas contra la roca, entonces maldigo la hora en que decido quedarme en aquel banco. Hablan en ingles tan atropelladamente que parece que le quedan tres minutos de vida y tienen que decir todo lo que falta entre jerigonzas; de pronto uno de ellos, en un español maltratado me dice:

¡Oye come plátanos! ¡Mal pario! ¿Qué te trae por aquí?

¿Yo? Saldré mañana a buscar trabajo. ¿Y tú? Le contesto.

Estruendosas carcajadas se escabullen por mis oídos hasta apalear mi corazón que palpita con rapidez; yo araño buscando serenidad pero no la encuentro por ninguna parte, cuando otro toma el turno diciéndome malas palabras, sin dejar pasar por alto lo de comer plátanos. La más digna que escuché.

Fingen poner atención haciendo muecas.

Ustedes en ese camino, apenas alcancen los veintiuno. Quiéranse un poco, y verán lo buena que es la vida.

Trato de llegarles al fondo, pero la capa metálica de falta de humanidad que los envuelve es demasiado pesada. Me siento perdido.

Las edades fluctúan entre los diez y seis y los diez y ocho. Aparentemente el frío les ha secado, no solo la piel, sino los sentimientos, y eso es grave.

Mis palabras son gasolina al fuego, entonces entra la acción de la película. Con la primera trompada, uno de mis dientes navega en un líquido salobre que inunda mi paladar. No me da tiempo a escupirlo cuando la segunda me pega en el estómago y me trago el diente. Siento nauseas, mareo y hasta deseo que me maten de una vez, porque la vida se me está yendo como llanta desinflándose. Soy en sus manos un muñeco de trapo porque cada uno cumplió su cometido y encima me arrancan el abrigo. Entonces comienzan a salir uno a uno, llevándose el bulto con mis pertenencias, incluyendo el pasaporte y el dinero que está en el bolsillo del abrigo, y el de la cartera cantidad que nunca llegue a conocer el monto porque no tuve oportunidad de contarlo, pasando en unas horas, de pobre a rico, y de rico a indigente. Así se avanza en los cursos que ofrece la universidad de la vida.

Nadie viene en mi auxilio ni llama la policía, porque "esas son peleas entre pandillas, en las que nadie quiere intervenir" "Quien los manda a estar en la calle"

Estoy seguro de que no volverán pues lograron su objetivo de meterme miedo y robar mis pertenencias; en ese momento un desamparado se me acerca. En medio del mal olor que se confunde entre meados trasnochados y esterilla de burro mojada, me doy cuenta que dentro de ese cuerpo repugnante existe una persona de mirada limpia y buenos sentimientos, y con palabras alentadoras me ofrece una frazada y un galón de agua turbia, para que me asee y me abrigue, porque soy un desperdicio de carnicería: *"Tirado en el suelo y lleno de sangre"*

El intercambio de sentimientos fue mutuo porque que ya yo había sentido por él lo mismo desde que llegué al lugar. Haciendo un extremo esfuerzo, me lavo la cara, tomo la colcha por cortesía, y opto por subirme de nuevo al banco con trabajo El estómago esta revuelto por el asco, y por su brillante negritud parece que está pintada con petróleo. Aun así, reconozco el altruismo de este desamparado y prometo hacer algo por él cuando tenga la oportunidad, pues yo sé que de esta saldré y seguiré adelante; es lo que tengo en mi mente, y eso no falla. Por eso le pedí información para más tarde poder localizarlo. Luego evalúo mi situación y ni siquiera en esas condiciones, tomo la decisión de volver al lugar de donde salí, donde sería muy bien recibido. Hubiese sido fácil retractarme y decir que me extravié y me atracaron y con otro trabajito como el que hice el día anterior, me hubiese recuperado hasta de los golpes. Pero no, no me voy a dejar deslumbrar por la tentación.

En veinticuatro horas terminé un curso intensivo sobre la experiencia de vivir en Nueva York, en su otra cara: La ciencia de la calle; Aprendí el otro perfil sobre las estrategias de los viajes ilegales. De cómo se desarrollan ciertos negocios en cualquier apartamento. De la fina burocracia y negocios de visas entre oficinas. De cómo hacerse rico en pocas horas. Del comportamiento de los jóvenes que viven en la calle. De gente que recoge desperdicios de zafacones, y basura de los supermercados, porque conocí allí a una señora que recogía latas vacías en los tanques de basura para pagar la universidad de su hijo en su país. ¡Increíble!

"De seguro que si le cuento esto a Juliansito allá en la Vigía, me dice cien veces Jablador"

Conocí el lado roído de la manzana; El que no se conoce allende las fronteras, porque como Julio Iglesias, no se toma fotos del lado que no le conviene, pero las circunstancias me llevaron a descubrirlo acabando de llegar.

Me impactaba el cambio físico de los ausentes cuando regresan al país. Sin quemaduras de sol; cambiando las cuatro patas del burro, las dos gomas del motor, o de la bicicleta, por las cuatro de un elegante vehículo, y la casita por una mansión, y aunque no tenía intenciones de emigrar, reconocía lo mucho que contribuyen con su aporte al progreso económico de nuestra sociedad.

El reloj de la estación marca las seis, y la gente que se dirige a su trabajo comienza a bajar y a llenar el lugar para esperar sus trenes, en cambio yo soy un niño que aprende a caminar, y de esa manera subo las escaleras casi arrastrándome. Al salir a la calle, una gélida brisa me pega bofetones en el rostro con tanta fuerza que me tambaleo, no solo por lo débil que quedé por la golpiza, sino que sentí que debía echarme piedras en los bolsillos para resistir los embates del viento para que no me llevara, y por el otro lado, la nieve que ayer era fina como el azúcar blanco, hoy está convertida hielo negruzco formando montículos con postre de excrementos caninos, y en las esquinas pozos que no dejan lugar por donde avanzar, corriendo el riesgo de meter un pie y se quede frisado.

El olor a café, del pan recién llegado y de las donas, invade, no solo mis deseos sino mis sentidos, mientras de mi estómago sale música cuando las tripas se revuelven protestando por mi descuido de atenderlas. Mi aspecto desagradable y maloliente es común, porque como yo hay muchos: borrachos, drogados desamparados, y como soy el reflejo de todos, no le importo a nadie, ni tengo conmigo un centavo. En esas circunstancias hubiese sido digno pedir un café y un pan, pero ni siquiera lo intenté.

Me detengo frente a una bodega donde un muchacho que parece buena gente, organiza unos vegetales. Me acerco y le pido que escuche la historia de mi atraco manifestándole que no pido, solo que me dejen hacer una llamada. El muchacho habla con el dueño, y como bajado del cielo, me dejan pasar y asearme un poco en un estrecho baño en la parte trasera del negocio. Me preparan una tostada y un café caliente. Luego me permiten hacer una llamada a mi país, donde consigo el número de teléfono de Mariana la costurera que como se señaló al principio éramos conocidos.

Experimenté la soledad de un desamparado, la maldad y el dolor de la indiferencia. También de cómo hacerme rico en poco tiempo.

Mis razones para estar en esas condiciones, a la vista de los transeúntes podrían haber sido innumerables: busca familia en las pandillas porque repudia la familia y la sociedad; quiere vivir sin responsabilidad. Ha perdido su casa a causa de un fuego y no encontró ayuda; Salió de la cárcel y no encontró una mano amiga.

En última instancia, se dejó vencer por los vicios y perdió familia e identidad.

Sin embargo, mi caso no encajaba en ninguna de esas categorías. El mío era un caso nuevo de un muchacho al que le pusieron una mina de dinero al frente y la rechazó, porque entiende que la riqueza mal habida hace daño no solo a sí mismo, sino a la sociedad en general, y según decía mi abuelo, es dinero azaroso. Que la compañía de la familia y de un amigo supera toda soledad, y que el sano entretenimiento y ser buena persona, por suerte, todavía no han pasado de moda.

El apoyo del bodeguero y su empleado quienes también son compatriotas, desvanece la desilusión que me causó la escena de los muchachos de la calle. Luego todo es historia pues comienzo a trabajar; luego me caso y comienzo a legalizar mi situación migratoria; continúo la universidad y vuelvo a mi país. La novia tendrá que esperar para la boda, hasta que se dé el consabido proceso de divorcio y nuevo matrimonio.

*

Ahora William es un profesional orgullo de su pueblo y de los inmigrantes, no obstante las vicisitudes que tuvo que experimentar hasta encontrar una salida. Viaja constantemente a su país como todo un dominicano que trabaja y ama su patria y sus raíces.

CORAZONES ROTOS

Con tal de obtener una visa, personas han sido usadas como trampolín, para que otro/a ponga un pie sobre su cabeza, tome impulso y dé el salto al otro lado. Al lograr sus objetivos los beneficiados han desaparecido, mientras sus víctimas comienzan a morir lentamente con sus corazones rotos.

El mullido sofá como un sorbete absorbe el cansancio de toda la semana, en una tranquila mañana sabatina, cuando el sonido del timbre de la puerta me impulsa a dar un salto de canguro, porque estaba imbuida en una entretenida lectura. Caigo al final del pasillo enroscando mi ojo derecho con el ojo mágico de la puerta, para percatarme de qué inoportuno/a interrumpe mi descanso.

Con los efectos del cristal retrovisor, la persona se vislumbra tan pequeña y lejana, igual que la puerta del apartamento de enfrente que ha corrido uno cuantos metros hacia atrás, y el estrecho y corto pasillo se ha convertido en un largo callejón.

¡Ya sabía! ¡La vecina que tiene mi tiempo libre marcado en su agenda! Abro y la observo más agitada que de costumbre.

-¡**Hola**! ¿**Qué** te pasa? -¡Entra!- Le digo.

Con ritos de suspenso que no son más que tácticas dilatorias, la vecina masajea su cuello; respira hondo, y con un carraspeo limpia sus conductos respiratorios. Los noes con su cabeza, y sus labios perdidos entre su boca, forman una línea recta que presagia lo grave de la noticia.

¡Don Tiburcio el pobre...! Dice en forma ceremoniosa.

"! Suéltalo de una vez! ¿Qué le pasó al vecino? Aunque me está impacientando, no se mella ni un por un milímetro, el aprecio que le tengo.

Necesito saber que le sucede al amigo, razón por la que la mando a pasar y a sentarse a la mesita de la cocina, para de paso, preparar un cafecito, porque sabe mejor acompañado. Ni para que comentar la tragedia del Canal que todavía se revuelve en mi subconsciente, porque a ella, como a tantos, ni cosquillas le hacen ese tipo de noticias.

¿Quién los manda a que se metan en esos viajes? ¡Es que ahora todo es moda! ¡A que si se quedan tranquilos en su casa, no les pasa! Ella está concentrada en su noticia.

*

Siendo aún joven, don Tiburcio emigra desde una región del Cibao central en la republica dominicana, con su esposa y tres hijos pequeños. La de diez y siete años nació en Manhattan, y ahora vive en una universidad, en otro estado. Los otros tres trabajan y tienen sus respectivas familias.

Hace un par de años, su compañera fallece a causa de un arresto al corazón, y su único aliciente es disfrutar de las visitas de sus hijos, en fines de semana. El tiempo restante se lo pasa tendido en su cómodo sillón reclinable, frente al televisor. Las noticias de guerras, tragedias, crímenes y violencia, lo único que aportan es angustia a su solitaria vida. Es decir una preocupación pendeja para una persona de edad. –dijo el otro-

Su único entretenimiento es salir a comprar cartoncitos de lotería para desenterrar números y encontrarse con un par de dólares, por lo que la mayoría de las veces solo disfruta el gusto de rasparlos.

-¡Papá, Angélica te hizo una cita con el médico para el viernes a las 9: am. No la pierdas; es muy importante!

-¡No mi hijo- Yo no me siento nada! ¡Yo estoy como un cañón!

Un cañón, pero explotado, -dijo el otro a sus espaldas, pero es cañón; si él lo dice, hay que respetarlo.

¡No me duele por ningún lado. Ahora se les ha metido a ustedes en la cabeza que yo padezco de depresión. Mis hijos, esos son inventos de médicos pa' jalar cuartos. Cuando yo era joven, aunque no existían tantos entretenimientos como tienen ustedes ahora, no se conocía el aburrimiento, ni la depresión. ¡Aja, explíquenme eso!

"¡Se nos va a ir el viejo atrás!"

Pasan los días y sin necesidad de medicina alguna, un cambio positivo se va dando en el estado de ánimo de don Tiburcio.

¡Hay esperanza!

-¡Algo está pasando.

-¡Debe estar enamorado!

Es el tema del momento en la familia. La alerta es el tinte que le puso el cabello, bigote y cejas a hacer olas tornasol como las plumas negras de las aves. Tanto que para verse mejor, hasta parece disfrazado.

-Si no sale a ninguna parte ¿de quién se va a enamorar?

-Ojalá que así fuera.

-Ya papá está muy avanzado en edad para esas cosas.

Los comentarios continúan cuando un estornudo les cambia la actitud, haciendo que todos pongan cara de sorpresa.

-"¡¿Qué es lo que ustedes piensan? ¡Yo ¨toy tan nuevo como un carro cero millas!" ¡Enterito! ¡Yo rompo esa pared y hasta me gabeo si se ofrece! Frases usuales de hombres que de tan maduros, se están cayendo de la mata; a los que contradictoriamente les llaman: "viejos verdes"

Pero la familia no está muy lejos de la verdad, porque su padre tiene sus direccionales puestas hacia algo vivo.

-"¡Se la buscó en el mismo velorio!"

Y parecía que quería tanto la doña"

-"*Pobre doña Adriana*" "*quién lo iba a creer*" Comentarios de quienes no están metidos en sus zapatos, mientras tanto el viejo vuelve a disfrutar de la música, liberando del encierro y del polvo, el equipo de bocinas tamaño nevera mediana, y los discos long playings dan vueltas como molino de viento sobre el plato del tocadiscos. El luto se disipa. Las voces de artistas de su época, despiden el silencio de aquel hogar.

El fin de semana que viene vamos a hacer una fiesta. Mamá debe estar contenta.

¿Tú crees?

-¡Seguro! El que ama de verdad, goza de ver feliz al ser amado. Ella no era celosa y tú lo sabes.

-Y a quien iba a celar si papá no le daba motivos.

El viejo es un trompo dando vueltas con su hija, nueras y vecinas. El sillón reclinable es quien ahora padece soledad.

-"Quiero encontrar una muchacha joven, humilde, de procedencia campesina, que no tenga los ojos abiertos en cuestiones de amor. Como el artista, quiero moldearla con mis propias manos y mi experiencia" Expresa don Tiburcio, dejando salir la emoción reflejada en la baba que asoma por las junturas de sus labios.

Ahora se la pasa de tiendas: trajes de corte juvenil, gafas de sol, sombreros de fieltro con plumitas de colores, perfumes caros, zapatos brillantes…y para colmo, un fin de semana de esos, Don Tiburcio sale de su habitación, abanicándose con un boleto de viaje.

¡Epa! ¡Vengan a ver! ¡El cuarto es una tienda! ¡Él no está fácil:" medias en sus bolsas, correas enrolladas, cepillos y pastas de dientes, desodorantes, bolsas con regalos, ropa de toda clase, un par de maletas listas a ofrecer sus servicios…Y como si alguien estuviese recostado a todo lo largo sobre la cama, un elegante traje con su respectiva corbata que había llegado por una agencia de envío, es completado con el sombrero y las medias en sus respectivos lugares.

Que la candidata sea joven, es la única tuerca que no encaja en las roscas que su familia está tratando de ajustar.

Hombre serio; de palabra. "de los viejos de antes, que les pesa el ruedo de los pantalones" trabajador, buen amante y buen proveedor; había educado su familia como se debe, pero ahora, para conseguir pareja, sólo lo acredita su condición de ciudadano americano y el bagaje de ilusiones que precisamente florecen en navidad, es cuando don Tiburcio emprende su viaje.

-"! Un año que viene y otro que se va!"

-¡De las montañas venimos…!" "!Llegó Juanita…! Se escucha por doquier en las emisoras de radio. Tarjetas navideñas vienen y van; pintura de casas; luces de arbolitos en los patios, y aguinaldos, lechón, serenatas, tambora, merengue, tiros de cohetes que anuncian alegría, y don Tiburcio caminando entre sus raíces.

Después de innumerables visitas a amistades sin ningún resultado, Don Tiburcio, estimulado por un viejo amigo, sale en una pesquisa amorosa entrelazando en el camino abrazos fugaces a compadres y amigos de antaño, porque está enfocado en su meta.

Después de un rato de correr carretera, el vehículo los deja en la entrada de un estrecho camino que luego se torna en bajadas y subidas.

¡Compadreee! esto aquí si 'ta bonitooo!

¡Claro compadre. Pura vegetación. Aquí ta' ei mango pendejo y ei café poi jangá. Esto es una bendición. Los frutos 'tan qué cachachean. Admirando sembrados, animales y vegetación, de pronto entran a un sendero plano, donde deben caminar abriendo trocha, separando con las manos, las cortantes y aterciopeladas hojas de un maizal. De esa manera se acercan a una casita solitaria en medio de una finca. El señor de la casa, Don Jerónimo, es el capataz, y el canto de los gallos en las trabas, anuncia la predilección del anfitrión, quien había sido notificado de dicha visita con un peón que había salido al poblado a realizar algunos encargos.

Vea primo, ese compadre tiene unas muchachitas vírgenes, y humildes a todo dar, porque no salen a ninguna parte. Imagínese, no conocen ni la ciudad.

El aislamiento -en opinión del compadre- es la mejor vía de conservación para tener una juventud ideal, mientras tanto, saludos y presentaciones, son precedidas por conversaciones que se desenvuelven entre gallos y trabas, y aunque una vez disfrutó del deporte gallístico, a Don Tiburcio ahora no le importa, porque en su mente solo vive su plan principal: Conocer las muchachas.

En una ocasión, Don Tiburcio lanza una flecha que pega en el blanco, poniendo sus ojos en una silueta que él ilusionado enamorado vislumbra una Diva. Esta de vez en cuando sale a buscar agua del pozo artesano, de la cocina. La joven tendrá unos diez y ocho o diez y nueve, más o menos, la misma edad de su hija, y don Tiburcio queda como hipnotizado, o puesto en pausa por un control remoto.

"Exactamente como me la receto el doctor" comentario que sale de manera disimulada, dizque muy atento a su salud, pero desde que arribó al país, las pastillas para el colesterol y la artritis, permanecen en la misma bolsa plástica en que viajaron.

La muchacha cimarrona, de buena estatura, con la piel embarnizada por el sol, de largos cabellos azabache, enloquecen a nuestro amigo de tal manera, que la próxima visita ya tiene marcados día y hora, aunque solo alcanzó verla de lejos. Visita donde tiene lugar la ceremonia de pedida de mano, obteniéndose la aprobación del padre de manera automática sin contar con la aprobación de la muchacha, en la que don Tiburcio, ha escalado el paso más importante. En la cocina el aroma a asopao se esparce por todo el ambiente.

-¡Rosarina! ¡Véngase acá mija! ¡Salúdeme aquí al señor, sin vergüenza!

La muchacha obedece al llamado, y al tratar de extender su mano, le cuesta cierto esfuerzo porque es un resorte dentro de un brazo mecánico, que extiende y encoje, haciendo al mismo tiempo inclinación de cabeza, mientras su rodilla derecha toca el suelo:

¡Mucho gusto! Exclama de un susto, sin mirarle a la cara, y se retira agarrándose la falda, con la satisfacción de: ¡Ya salí del difícil paso!

En cambio don Tiburcio, con todo y la seriedad que lo caracteriza, la retrata lujuriosamente de pies a cabeza con la mirada, porque sus emociones se han salido de su cauce.

Las visitas continúan a cualquier hora y sin avisar, así como los regalos. El nivel de sensualidad del amigo ha subido de amarillo a naranja, o sea, a peligro, y el viejómetro de tan acelerado se dañó, porque dejó de marcar, y para ponerle la fresa al postre, la muchacha está cediendo al cortejo. Ahora acompañada de la madre, las primas y unas cuantas vecinas, sale a comer fuera, a lugares que ella nunca había visitado. Hay que cuidar esta muchacha hasta que sea entregada en el altar, para evitar habladurías.

El viejo mastica sin estar comiendo, y el sonido de su dentadura es el remover los huesos de una calavera. Constantemente saca su pañuelo blanco carmín, para limpiarse los húmedos ojos, y aguantar la tos que de vez en cuando desinfla sus congestionados pulmones.

-Viene de lo nuevayore- -dice la vecina allá en la cocina, aconsejando a la niña: pa'lante que esas cositas no se ven todos los días. Ojala se hubiese fijado de la mía. Dale gracias a Dios que ya ustedes se puede decir que brincaron al otro lado.- ¡Que dichosa tu eres, mija! Dale.

Nuestro amigo viaja a la ciudad para hacer una llamada de larga distancia.

"¿Papá, tu no consideras que es muy apresurado? Quédate un tiempo más, y luego das otro viaje, hasta que la conozcas mejor. En el próximo viaje te casas ¿No te parece? Opina Josué. Marieta solo lo felicita igual que Renato. Le hubiese gustado que su padre guardara la memoria de su madre por más tiempo, y sufre, pero ha sido educada para respetar la decisión de los demás, y hacer respetar la suya, por encima de todo.

Don Tiburcio en cambio se ha colocado un par de oídos selectivos que solo funcionan a lo que lo lleve a lograr su propósito. El tiempo alcanza justo para pasar las amonestaciones, y que estén listos los trajes de la novia, de la familia, y de las damas de la corte. Todo solventado por el novio. Aunque es gente humilde, quiere que su hija tenga todo como se debe, partiendo de la posición económica del pretendiente; por esa razón, en un hotel de sueños, esta muchacha novata se inicia en la vida matrimonial después de haber recibido la bendición del sacerdote y de sus padres entre guirnaldas, conociendo a un hombre en esos términos, por primera vez.

Tanto la presión arterial de don Tiburcio, como la potencia sexual se portan con la altura que la situación lo requiere. Días después, decide regresar a Los Estados Unidos, para iniciar el proceso de petición a emigración, de su esposa. Por poco se muere de la pena al partir, y al mismo tiempo lo consuela la esperanza de tenerla pronto con él. El no piensa en otra cosa que no sea en su reina, pero nunca se detiene a pensar, si ella siente lo mismo; sería perder el tiempo, porque él, de eso está más que seguro, por eso vuela de regreso, lleno de optimismo.

De ahí en adelante, los pasos del viejo se dirigen continuamente a la agencia de envíos de dinero y paquetes. El proceso de viaje tarda escasos seis meses, dada la condición de ciudadano americano de don Tiburcio, cuyo examen de ciudadanía, diez y ocho años atrás, fue procesado en español como dicta la ley, por el mérito de haber residido en el país por más de veinte años, y tener más de cincuenta años de edad.

No obstante don Tiburcio es solvente económicamente, necesita el soporte de documentación económica de sus hijos; requisitos del gobierno para asegurarse de que esta muchacha no será una carga al estado, en caso de que el peticionario no sea solvente para hacerlo por sí solo.

Cuando llega el momento, Don Tiburcio viaja de nuevo al país, para acompañar a su esposa a la cita del consulado. Todo se da sobre ruedas y de esa manera, esta muchacha pisa tierra norteamericana.

Durante el viaje, la recién casada esposa prefiere la ventana, y todo el camino se lo pasa con la cara pegada a la misma mirando hacia afuera, como si fuera una cortina que no deja pasar la luz, sin dedicar un solo segundo a quien parecía más bien, su acompañante de asiento.

El cañonazo de bienvenida al país y al apartamento, lo lanza el tapón de la botella de champaña que súbitamente choca contra el techo; inicio de la íntima celebración.

—"¡Aco! eto sabe a vinagre"- y escupe con presión en la alfombra.

Al esposo le parece el chiste más excepcional, y por causa de una estridente carcajada, la prótesis dental cae al suelo. Recoge su importante pertenencia y se la coloca rápido, para continuar con su dulce misión.

Esta muchacha de campo adentro, sin proponérselo le dio un fuetazo con la varita mágica a la suerte. Nunca se sabe, dijo una comadre cuando los novios se daban el beso sagrado allá en la capillita: "Quien lo diba a crei: La jija de Comay Toña volando en un avión.

La ceremonia continúa de nuevo con el levantamiento en vilo de la novia, para ser trasladada a una alcoba donde el blanco de los encajes, resaltan exquisitez.

-Mañana las vamos a colocar en el álbum. Mira a Papá hasta se emborrachó; lo que nunca. En esta, mamá está llorando… Algunas de las escasas palabras que esbozaba la nueva esposa, porque se le ocurrió usar el momento para mirar fotos.

En visitas esporádicas, la familia conocerá a la joven madrastra, así mismo relacionados, amigos y vecinos, entre ellos, mi vecina y yo, porque don Tiburcio es un señor sociable y querido por todo el que lo trata.

Pasan los días y la frase: -buscar trabajo- no se mencionará por estos predios. Un valioso jarrón de cristal se cuida para que no se rompa.

Ahora don Tiburcio, quien disfrutó de la sazón de su esposa, y por nada del mundo comía fuera, ahora tiene anotados los números telefónicos de todos los restaurantes del área, incluyendo pizzerías y chinos.

"Tanto arregló el diablo a su hija, hasta que le sacó los ojos".

¡Mi dulcinea es real! -Dice don Tiburcio orgulloso- ¡La puedo mirar! ¡La puedo tocar!…! Pobre Don Quijote que la tenía viviendo solo en su mente!

El enamorado esposo hace magias para ayudar a su mujer en la adaptación a la nueva vida. Ella por el contrario, pareciera que se ha colocado un par de lentes oscuros de esos que dejan ver la imagen al desnudo. Ahora le afecta de don Tiburcio su tos asmática, su dentadura traqueteando y su piel arrugada. Le asquea que después de las comidas el viejo se dirige al baño para asear sus prótesis dentales. El pensar que la toque, le produce repulsión, por lo tanto, con cualquier excusa, lo evita lo más que puede.

En cambio él se ha dedicado a entrenarla para su mejor desenvolvimiento tanto en el hogar como en la vida afuera. Usar el teléfono. Llamar a las líneas de taxis, comprar Money orders, hacer compras en el supermercado y hacer envíos de dinero. Nada opacará la felicidad de don Tiburcio. Pero nada de enseñarla a usar el trasporte público. El la llevará en su carro en seguida hacia donde el pensamiento de la muchacha apunte, y hasta a enseñarla a manejarlo lo ha iniciado. Visitas a la Estatua de la Libertad; El Empire State building, a comer pescado en City Island, shows en Radio City, y hasta un viaje a Disney World y a las cataratas del Niagara, está siendo asentado mentalmente en su programa, sin dejar pasar por alto Los Siete Lagos, la Montana del Oso... Quiere hacer de ella una mujer que se ajuste bien a su nueva vida de neoyorquina.

Visitas a las tiendas, restaurantes y lugares de diversión; No obstante, la risa y la alegría en esta muchacha se van disipando; ahora se mantiene pensativa.

La agencia de envío de dinero fue el primer lugar que la muchacha aprendió a visitar por su cuenta, por lo cual se hace amiga de la cajera y un día:

-Viejo, esta noche me quedo en casa de mi amiga.

-¡Cómo no! Lo que usted quiera mi reina. Eso sí, aquí la quiero tempranito. Esta noche será para mí un siglo, de todos modos aquí la estaré esperando.

Pareciera ser cierto que el amor lo inventó un ciego porque Don Tiburcio le busca justificación a todo, y no intuye la realidad que se va cocinando ante sus ojos. Todo este cambio él lo atribuye al giro repentino que había dado la vida de esta muchacha, y trata de compensarlo dándole dinero y concediéndole cualquier petición, comprándole regalos caros, y hasta perdonarle que las escasas relaciones íntimas se hayan ido distanciando, casi hasta desaparecer, siempre con la esperanza de recuperarlas cuando esta muchacha se adapte a su nueva vida de casada, cosa para la que él piensa que está ejerciendo una buena labor.

De esa manera pasan los meses siguientes, con escapadas nocturnas de vez en cuando, hasta que un día, después de cuatro meses de forzada convivencia, esta muchacha desaparece sin dejar rastro.

El primer contacto es la muchacha de la agencia sin obtener ninguna información; luego la policía y tampoco, hasta que un conocido que le estaba siguiendo los pasos, pero no se atrevía a enfrentar el enamorado esposo, es el medio por el que don Tiburcio entera de la realidad.

Es el día en que la vecina toca mi puerta, cuando don Tiburcio se ha enterado de que su esposa está conviviendo con un joven de su misma edad, quien la había mudado en el mismo vecindario.

En ese mismo momento don Tiburcio es un globo que comienza a desinflarse y a descender lentamente.

El frasco de perfume comenzará a colectar polvo en su vestidor, y el blanco de sus canas se impondrá sobre el negro postizo que se ira disipando hasta desaparecer. Así mismo se irá derrumbando el mundo fabricado alrededor de esta muchacha cimarrona, y la foto grande de la boda que ocupa la pared central de la sala, caerá al suelo y se romperá en mil pedazos.

El sillón reclinable sentirá de nuevo un peso pesado presionando con rabia las roscas de alambres, hasta formar un solo círculo, y el aparato televisivo cumplirá con su cometido de traerle imágenes de destrucción; de compra y ventas de órganos humanos tan valiosos como su corazón: estrujado y tirado al piso. Ventas de sentimientos: De documentos personales. De bendiciones falsas de sacerdotes inocentes, de los padres, firmas de cónsules, de padrinos...todo saldrá volando empujado por un huracán maligno. Y un certificado de ciudadanía arrastrará a otros y otros, y una fila larga conocerá la capital del mundo gracias a Don Tiburcio que será mencionado cada vez que haya un papeleo y sea necesario mencionar su nombre y utilizar su firma, o quizás la copia de su firma. Y entonces si será necesaria la visita al psicoterapeuta porque ya don Tiburcio no tendrá valor para iniciar otro viaje de ensueños.

Novela de traición. Novelas modernas. El protagonista... deshecho, y la "mala" disfrutando su nueva vida. FIN.

*

Terminamos el café, dejando las dos rodar una lágrima a la par.

Lo acompañamos en el nacimiento de su hija; en sus cumpleaños, en la muerte de su esposa; Le enviamos tarjetas en sus segundas nupcias y ahora...un signo grande de interrogación nos deja sin palabras. ¿Qué será lo más prudente?

La novela: "**CORAZONES ROTOS**" no se anunciará en las noticias de ningún canal de televisión, ni su protagonista se convertirá en una celebridad, porque como esas suceden a diario con diferentes títulos, pero el argumento es fantástico, digno de una película.

DE LA FACTORIA A
LA ESCUELA

Cuando se escribe algo en la mente, la persona se encamina aun sin proponérselo, hacia donde se encuentra lo que busca.

De nuevo estoy involucrada en el ajetreo de los que van y vienen, buscando trabajo. A este punto he perdido mi nombre, porque al traspasar cada puerta, sin darme tiempo a abrir la boca seguido me preguntan:

¿Singer?

¡Sí! -y agrego-: ¡También le doy a la Mero, y a elásticos, y botones, y ruedos y zippers, y ojales …y hasta cortar hilos en el piso si se ofrece. Tal es la magnitud de la urgencia.

La industria de la aguja se está poniendo dificultosa por diversas razones, según se escucha en el medio. La primera de ellas: Han aumentado el precio del alquiler de los locales. Las fábricas están siendo trasladadas a otros estados o países de Latinoamérica y el Caribe, porque es más lucrativo para los empresarios, y muchas otras opiniones que no vienen de fuentes oficiales, pero que si no son, quieren ser. Lo cierto es que me prueban aquí, acá, allí, allá, y más allá…sin ningún resultado.

-¿Cuánto exige por hora?

Debido a la práctica adquirida, no puedo trabajar por el sueldo mínimo; sería comenzar de cero después de dos o tres aumentos en otros lugares. Afuera espera un grupo de operarias, y tan pronto como yo de la espalda, la señora aceptada retirará hacia atrás la silla; volteará el cojín, o pondrá el que trajo, porque el que yo usé, ya está caliente. Acariciará la superficie de la maquina llena de ilusión, tocando las huellas de lo que fue mi efímera esperanza, y dará un sí de matrimonio arreglado, al anunciársele el precio que se ofrece por hora. Voy caminando por un pasillo hacia la puerta de salida, a paso de vencedora para aplastar el frustrante momento cuando el supervisor, dirigiéndose a mí, me dice: "Señora deje su número. La llamamos luego" dizque muy convencido de que lo hará, y yo ingenua me iría a la casa a esperar la llamada, porque los años en la industria todavía no me habían enseñado el lenguaje sin palabras del sistema.

Ese día -diferente a los anteriores que aun sin conseguir el trabajo salgo plena de optimismo, pensando que al otro día será- en cambio estoy impaciente y ansiosa y todo lo que tenga que ver con la desestabilización emocional, porque un nudo se atraviesa en mi garganta como el palo que sirve de puente para cruzar el río en cualquier campo. ¡Necesito trabajar!!!!! Porque hay personas que dependen económicamente de mí, al otro lado del mar. ¡Señor encárgate de esto, es urgente que yo consiga trabajo! Digo hablando con Dios ya de manera imperativa, tomándolo irrespetuosamente por el cuello, mientras camino hacia la estación de trenes.

Al detenerse en la correspondiente parada camino a casa, en la misma plataforma encuentro unas amigas que andan en lo mismo que yo.

-¿Quieres ir con nosotras a Brooklyn?- Me dice una de ellas.

-¿A buscar que tan lejos?

-¡Hay vacantes en educación!

-¡Pero yo no tengo mi currículo conmigo! No vengo preparada.

-"No se necesita"

¿Quéeee?

Decido regresar con ellas tomando el tren del lado opuesto.

El elegante edificio, sede del sistema de educación de la ciudad de Nueva York, viste de mármol con gigantescas columnas, una limpieza excepcional, e imponentes diseños que extraen desde mis entrañas, un profundo suspiro:

! Wow!

Esto me parece una locura. Que busco yo aquí. Yo tengo cosas que hacer en mi casa. No salí ataviada como manda el protocolo, para buscar trabajos de esa índole; al contrario, salí tempranito a buscar trabajos de fábricas, además, los pocos créditos que tengo están metidos entre algún pliegue del cerebro. En realidad, no me siento preparada.

-El monologo se desarrolla en mi interior, porque no quiero hacer sentir mal a las amigas, que con tan buena intención me invitaron. - Buscar trabajo en grupos... ¡jum!

-¡Que le importa a esa gente la vestimenta, ni el número de personas! Lo que les importa es que necesitan personal y que sepas hacer bien tu trabajo.

-Mejor así, me digo.

Al avanzar por el lobby hacia la mesa de chequeo, me toca a mí primero. El guardia de seguridad con el rostro más serio que el de un juez, me pide identificación, la mira y me mira directo a los ojos. Luego me pide depositar todo lo que llevo conmigo en la mesa de chequeo. Toma la cartera, la abre y observo que su rostro se torna agresivo al introducir la mano, por lo que vacía todo el contenido.

¡You have weapons! !Tienes armas! Me grita, pero el que no tiene hechas, no tiene sospechas, de todos modos: ¡Que susto! ¡Ahí mi madre! Las tijeras y el desbaratador de costuras, de filosa punta causaron el reguero.

¡No! No estaba preparada para esto, por eso no me gusta hacer cosas que no he planificado con anterioridad. Me llevo una mano a la boca porque no puedo impedírselo: Lo primero que hace es abrir el zipper de un sobre plástico que contiene maquillaje; el estuche con los lentes. Una crema de manos. Un cepillo de pelo, el librito de la palabra diaria. Una botellita de agua. Un libro. El monedero del dinero y los tokens, tarjetas y fotografía de los hijos, la sombrilla en su estuche, una libreta y pluma para anotar datos, para mi banco de memorias…

Luego toma el bultito de tela que contiene más tereques y hace lo mismo: la lonchera que no es más que una cantinita plástica, con el moro virgen en caso de que me hubiese quedado trabajando en la fábrica de ropas. Un termito con café. Un tenedor envuelto en papel de aluminio. Un jarrito y un vaso para el café y el agua.

Otro sobre de plástico con zipper contiene el equipo de trabajo: las tijeras, bobinas, unas son un arco iris de hilos; otras vacías. La bolsita con los distintos pies de máquinas: el regular, el de zipper, de ruedos, de elástico, pie de un medio, de un cuarto, un octavo… desbaratador, caja de bobinas, migajas de galletitas, papelitos de confites vacíos, un paquetito de mentas y chicles, y una cáscara de guineo envuelta en una servilleta hasta encontrar un zafacón; unos cuantos pinchos, un potecito con mentol y el pintalabios de frío que se había quedado ahí, desde el invierno pasado, y destapado tenía adheridos restos de polvo, basuritas y una hebra de cabello sembrada, formando dibujos.

El paso siguiente no se hace esperar. Como brujo que ejecuta una limpia, me chequea por delante y por detrás y de pies a cabeza, con un artefacto, como en los aeropuertos, entonces me permite pasar.

Un respiro hondo de alivio, mientras recojo rápido chequeando que no quede en la mesa algún grano de arroz embarnizado con crema de habichuela que se habría salido del envase. Luego hace lo mismo mis amigas, y cuando termina nos dice:

-¡Suban al quinto piso! El respiro de alivio fue un resuello de elefante.

El elevador abre la puerta, y ya adentro, como cohete, explotamos la risa atrabancada. Segundos antes hubiese resultado bastante inapropiada.

Al salir al piso indicado, no hay nadie en la oficina. -Un viaje chino- Damos reversa en el acto. Me siento derrotada. Mañana saldré por otro lado.

Estar desempleado tiene su parte emocionante. Es la mejor oportunidad para conocer la ciudad, distintas líneas de trenes, de guaguas, despejar la mente, aprovechar especiales, y llamar amigos y familiares para notificárselos; llamar amistades olvidadas por el ajetreo, descansar de la caminata en cualquier banco de acera o parque, mirando las palomas picotear migajas, comer en restaurants, pizzerías, chinos, visitar las bibliotecas...

Presionamos el botón del elevador para bajar y salir a la calle cuando ahí mismo abre la puerta dejando salir como pollito del cascarón el guardia de seguridad de ese piso. Tiene cara de buena gente. Dejamos bajar vacío el cajón volador, y como flores de girasol que miran hacia la misma dirección, le preguntamos:

¿A qué hora habrá gente en esa oficina?

¿Buscan trabajo? Pregunta en inglés: ¿Han ido a la universidad? ¿Tienen los créditos necesarios?

¡Yes! Contestamos muy seguras, a la lluvia de preguntas.

¡Esperen un segundo! Y sale hacia la parte de atrás, volviendo al momento con unos sobres en blanco:

-¡Tomen!

Nos extiende uno a cada una.

-Anoten su número de seguro social aquí en la parte de adentro. Afuera pongan su nombre y dirección, como si se fuesen a escribir ustedes mismas. Cuando terminen me los entregan.

Nos pareció algo ilógico, pero le seguimos la corriente.

Al tener los sobres listos, ya el guardia de seguridad no está, entonces dejamos los sobres en el escritorio pisados con un florero, más solos que el número uno.

El tren vuela, y en todo el trayecto la velocidad ha unido los letreros de las diferentes estaciones, como si fuesen uno solo.

-¡Dejar nombre dirección así por así!.

-¡Y el número de seguro social!

¡Estamos re que te locas!

-En tres meses estaba olvidado el suceso. –una experiencia más. Estoy dedicada a cuidar niños en la casa. Es ilegal si no tienes licencia, de todos modos, mucha gente lo hace. A menos que haya alguna negligencia, no pasa nada.

Todos los días, después de las ocho de la mañana, bajo al buzón, para recoger la correspondencia. Ese día, como casi todos, el buzón es un buche de glotón y la puertecita como ojales de camisa de obeso se está reventando, poniendo en aprieto la cerradura que está a punto de romperse. Correspondencia que es alguna importante, y la otra para ocupar un rato rompiendo y tirando al zafacón o a la trituradora; ¡Hay que reciclar! ¡Cuánto desperdicio! Estamos convirtiendo el mundo en un basurero grande hasta que no pueda más, y nosotros junto a él lancemos el último suspiro.

Propagandas de los supermercados del área. De las tiendas. El Periódico gratis del vecindario. Cobros de tarjetas. El recibo de la renta. Del teléfono. Del Cable tv. Ofertas de tarjetas de créditos de diferentes compañías. Elegantes y perfumadas revistas que traen cremas y hasta shampoos y perfumes incrustados entre las brillantes páginas. Sergio Vargas en el Madison. Freddy, Cuquín, Boruga y como si fuera poco, Cecilia García, en el United Palace. Cobros del hospital. Cinco sobres con citas para distintos médicos. Especiales en Macy's: Compras un par y te llevas el otro "gratis" Especiales en Mc' Donals. Un anuncio de la faja maravilla, que quema hasta la grasa de los carros. Se rentan cuartos en la 207- La cita con el dentista. Un sobre para cooperación de la parroquia de San Judas. Mensajes de los políticos: Adriano Espaillat. Linares. Idanes… Una tienda nueva en

Dyckman, mensajes del Landlord. Cartas de las escuelas de los niños. Se leen las manos en la Botánica San Pedro. Sin dejar pasar por alto las propagandas de las pizzerías, de chinos y de los Testigos de Jehová que son metidos por debajo de la puerta.

¡Ah, mira aquí! ¡Una carta del Board of Education! La pongo arriba.

Se acerca el cumpleaños que raya por la mitad la existencia, en caso de que completara el quintal. Faltan quince años para el retiro, y no quiero quedarme en la casa colectando arrugas, y limpiando suaves nalguitas de terciopelo.

Me siento en el primer escalón de la escalera, en el primer piso, ahí mismo en el pasillo, donde hacía diez y ocho años atrás, encontré la viejecita y me quemé el brazo con el estín, o mejor dicho, –steam.

Board of Education, City of New York, 65th Court Street, Brooklyn N.Y...

Destapo con tanta emoción, el sobre que yo misma había llenado tiempo atrás, que lo desgarro de manera tal, que luego tuve que unirlo con cinta adhesiva, para lograr la dirección.

La fecha para una cita. Traer foto, y setenta dólares para el procedimiento requerido.

De ese día en adelante, debo comenzar a colectar documentos personales, historia educativa...

Nos llamamos. Las tres habíamos recibido la misma carta.

Asistimos a la cita cumpliendo los requisitos, incluyendo la toma de huellas en el precinto policial # 34 del vecindario.

Todo bien; record limpio. ¡Ni modo! Me digo a mi misma.

Pasan tres meses más en espera.

-Eso fue para entretenernos-.

¡No! ¡No! Hay setenta dólares pagos, y esta gente no juega con eso. Mientras tanto estoy feliz con mi cuidado de niños.

*

Llega el día del cumpleaños que me hará subir un peldaño hacia la tercera edad, y... ¡Zas! tempranito de nuevo otra carta del Board. Regalo de cumpleaños. Miro al cielo, beso el sobre y lo levanto. Tú nunca me fallas. ¡Gracias, gracias, gra...! Mil veces.

-Debe comenzar a trabajar en tres días, en Humanities High School, en la calle catorce.

Ese mismo día, una de mis hijas me invita a una salida de esas prepara-sorpresas, que dizque uno no se da cuenta. Cuando llegamos por la noche a la casa ¡Que verdadera sorpresota!: Familia, compañeros de grupo, amigos.

Al destapar los regalos, después de la fiesta me doy cuenta de que todos ocupan el primer lugar. Ni siquiera encontré uno que encajara en segundo lugar: La palabras de los hijos. De los amigos. Del Grupo Camino y Acción, La fiesta, la carta del Board, Placa de reconocimiento, traerme a mi casa, mi maestra de segundo, tercer y cuarto grado de la escuela primaria, de mi lugar de nacimiento: Doña Anacaona Domínguez. –Inolvidable.

Completar estudios, alternando con el flexible horario del trabajo de la escuela, mientras me asignan como sustituta para visitar diferentes escuelas de Manhattan: –High Schools- donde pasé el primer año rotando de un sitio a otro. Recorrí la isla de punta a punta, y de cabo a rabo, incluyendo algunas en las periferias del Bronx

Ejercía diferentes labores dependiendo de la necesidad de la escuela, "Hasta que aparezca una posición en la escuela en que usted se va a quedar trabajando fija"

-Trabajé con niños discapacitados, normales…En ocasiones trabajé en la oficina principal, y hasta en la biblioteca: Llenar sobres-pegar sellos de correos y enviar cartas- Recibir llamadas. Traducir de padres a maestros en caso de que los primeros no hablasen inglés; "Tiene cinco ausencias este mes" "Habla mucho", corta clases, ha tenido tres peleas este semestre...

Empujar una silla de ruedas. Copiar, dictar, pasar lista…- Visitar con ellos parques, zoológicos en excursiones, museos, teatros, cines. ¡Qué trabajo más emocionante! Copiar de la pizarra al cuaderno de un niño que no tiene, o no le funcionas las manos-custodiarlo hasta el autobús de transporte escolar- _En trece años conocí todos los museos-teatros-parques- Correr con ellos en competencias empujado una silla de ruedas para ayudar a lograr una medalla. Inspeccionarlos en los exámenes. Custodiarlos en el elevador- Sostener del brazo a la que se balancea por problemas en las piernas, para que no se caiga. Custodiarlos al baño, y esperar la guagua escolar a las tres frente a la escuela… Disfruté de una preciosa experiencia que me dio más a mí, que lo que yo aporté, porque aprendí a dar gracias a Dios por concederme hijos normales, cosa que nunca me había detenido a pensar, y estar entrenada para lidiar y entender los problemas de los nietos cuando llegara el momento.

Después de un año de corre que te corre, mandadito por aquel que siempre está pendiente de mí, me asignan en la escuela que yo había anhelado, sin tener que pedirlo.

Trece años haciendo lo que más me gusta, cambiaron mi experiencia como inmigrante, y me prepararon para un retiro mejor remunerado.

Vivíamos con la plena seguridad de que un ataque terrorista desde dentro, en los Estados Unidos era imposible que sucediera, hasta que de repente se presentó una:

FURIA EN EL CIELO

Los Twin Towers, o las torres gemelas. The World Trade Center o El Centro Mundial del comercio. Como quiera que les llamen son los edificios más altos no solo de la ciudad, sino del estado de Nueva York, de todos los Estados Unidos y del mundo al momento de su construcción. También les llaman los mellizos, aun disparejos, porque uno es un poquito más alto que el otro, pero igual los dos se pueden observar desde cualquier ángulo de la isla a la redonda; desde el condado de Queens; de Brooklyn; del Bronx; Staten Island y parte de Nueva Jersey. Los ojos de la ciudad. Su sombra cobija las principales cortes de la ciudad, iglesias antiguas, edificios administrativos, el puente Brooklyn, el cuartel general de la policía; y el City Hall, enorme edificio por cuyo arco abierto a los peatones, debo pasar caminando todos los días hasta llegar al lugar donde había estado trabajando por diez años en el momento en que sucedieron los hechos.

Continúo la ruta por un parque entre casetas que sulfuran olor a pan y a donas recién llegadas. Las palomas y ardillas cruzan entre mis pies, como las parejas de recién casados que se toman fotos al salir de las cortes después de la boda civil, celebrada muy temprano en la mañana. Algunas de ellas como los gemelos: muy disparejas.

-"Lo importante es el certificado de matrimonio que les pusieron en las manos"

-"Ya, esos no son tus problemas" le digo a la compañera de trabajo que con picardía se ríe de su propio comentario.

A menudo levanto la vista para observar las coronillas del par de edificios cuando las nubes los envuelven y ocultan, en días en que éstas, corriendo desorientadas por los dolores de la preñez, rompen fuente, pariendo la lluvia que cae de manera lenta, pero a raudales, sobre la ciudad.

Continúo la ruta por el patio del cuartel general, "One Police Plaza" entre carros y policías hasta llegar a la escuela.

Son los comienzos del año escolar –solo seis días de haber iniciado- y estoy nuevecita por el descanso de las vacaciones en mi país.

Ese día, después de ponchar la tarjeta en la oficina principal, tomar el ascensor y recibir los calurosos buenos días de Frank el ascensorista, salgo en el quinto piso directo a un salón de clases donde estudiantes de noveno grado realizarán un proyecto, y nosotras – maestra y asistente- chequearemos desde el pasillo que no se copien unos a otros, después de distribuirle los materiales.

Nos ponemos a conversar y de momento, el tópico es acerca de las torres: ventrículos del corazón de la ciudad cuya vista disfrutamos desde los amplios ventanales de cristal.

Por su enormidad se ven tan cerca que pareciera que de poder extender un brazo, alcanzaría una ventana, pero en realidad nos separa un par de bloques y un pequeño parque, aun así, los sentimos en el alero.

-"Los que ahí trabajan, están a un paso del cielo" digo pensando en un amigo, el único que conozco que labora en ese lugar. Nada más tienen que dar un salto desde la azotea hacia arriba. -Le comento a la compañera, que no lo conoce. Un comentario al parecer sin sentido, cuando no hay tema específico de conversación.

¿Cuántos empleados trabajaran en ese lugar? ¿Cuántos hispanos? ¿Cuántas nacionalidades? ¿Cuántos padres-madres-hijos de familia? ¿De seguro que no trabajarán indocumentados?

¡Tú estás loca! ¡Ahí lo atrapa emigración facilito! Especifica la maestra.

Pero sí. Trabajaban indocumentados, y ellos mismos se encargaron de responder nuestra pregunta, de una manera inolvidable.

¡Y dale con los edificios!

¿"De dónde viene esta conversación hoy"?

¡Nada! ¡Rellenar el tiempo, hasta que los muchachos terminen, o termine el periodo de clases y mañana se corrigen los trabajos.

*

Al siguiente día, tanto el amigo de las torres como yo, estaremos ausentes de nuestros trabajos, pero no lo comento con la maestra. Rara cosa porque casi nunca estamos ausentes. De él podría decir que nunca.

Ese día tendremos una importante misión que cumplir, cada uno en su área. Es el 11 de septiembre del 2001, cuando se celebran las elecciones primarias del partido demócrata.

¡No señor, deje de estar asumiendo cosas que no son! Ninguno de los dos trabajamos en política partidista, de esa que el negocio que se hace resulta redondo; invertir cinco para cobrar diez, e invertir tiempo y esfuerzo para ganar un puesto, una casa, u otros privilegios.

Estamos apoyando de manera voluntaria a otro amigo-compatriota-compueblano-compañero de grupos, que se postula como concejal del distrito número 10 del alto Manhattan: Washington Heights e Inwood.

Es esta una fecha que los Estadounidenses tienen marcada de manera tal, que cada uno recuerda exactamente lo que estaba haciendo al despuntar ese día, por lo tanto habrá miles de historias diferentes, importantes y dolorosas que contar, con el mismo tema que las produjo. "El ataque a las torres"

He aquí la mía:

Dejo mi cama cuando la madrugada comienza a parir un precioso día. Separo las cortinas dedicándole unos segundos a la vista de una nube rojizo-anaranjada que con ribetes de candela asoma por allá por donde el condado del Bronx se da la mano con Manhattan.

¡No! ¡No! Los colores no están anunciando ninguna alerta máxima, ni rojo, ni naranja, ni se está prendiendo el cielo. La nube está muy ocupada preparando el camino, abriéndole paso al sol que anuncia un precioso día, cuando el verano está sacando su brazo para decir adiós y prepararle el paso al otoño.

-"Deben estar en el lugar designado a eso de las cuatro, para que todo esté listo antes de que comiencen a llegar los votantes" nos había exhortado el joven candidato en la última reunión organizativa para completar detalles. Me asigna en mi vecindario y estoy llena de optimismo, porque nuestro candidato tiene posibilidades de ganar. ¡Ahí estaremos!

*

Ya han votado decenas de personas y el proceso se está desarrollando con toda normalidad. Debo estar atenta a los votantes que entran y salen de la urna, para contestarles cualquier pregunta y darles alguna instrucción en el proceso de votación, en caso de que la necesiten; además debo estar atenta de algunos candidatos que intentan hacer campaña hasta el último segundo, entre ellos uno de los contrarios que pensaba que yo era un espeque colindante, midiendo pies, pulgadas y centímetros desde donde yo debía realizar mi trabajo.

De pronto, en el radio de reglamento del oficial de la policía que está cerca de mí, se escucha un ruido como de emisora mal sintonizada; de todos modos, el escuchó claro el mensaje y me comunica que una avioneta se había estrellado contra una de las torres: "Es posible que no hayan *sobrevivientes*" -Pobre gente- *Es su comentario, pero igual seguimos trabajando, y nada cambia en el lugar.*

Pasan unos minutos cuando se escucha otro mensaje, en el mismo radio, entonces la reacción del policía es diferente porque da un salto de la silla y se pone en movimiento. Otra "avioneta" choca contra la otra torre:

"¡Rápido, recojan todo! Se detienen las elecciones. ¡Rápido salgan a sus casas! ¡No se paren en ninguna parte! Recojan los niños de las escuelas" Es el mismo mensaje que se escuchó en todos los radios del cuerpo policial de la ciudad y por supuesto, de los que estaban de servicio en los distintos recintos de votación. Lo imperativo de la información, anuncia lo serio de la situación. Mientras recojo mis pertenencias, va llegando a mi mente cada miembro de la familia disperso en la gran manzana, en diferentes trabajos o escuelas. Dos parejas de hijos casados por suerte habían llegado el día anterior de unas vacaciones en las Bahamas, de los cuales, el mayor trabajaba en el área -¿Habrá ido a trabajar hoy?- ¡Ay Dios! Primer timbrazo de mi cerebro. Lo resuelvo con una llamada, y me encuentro con que está en la casa. Primer alivio. La pequeña, está en una escuela en la calle 24 y novena avenida. El esposo duerme pues es su día libre. La hermana que acaba de llegar al país anda con su hijo en diligencias de inscripción en la escuela de éste.

Se cierran las urnas y todos abandonamos el lugar al mismo tiempo, saliendo como una bandada de palomas sorprendidas, cuando los niños, curiosos para verlas desorientas, les tiran piedras.

Deseo llegar rápido a la casa para comunicarme con la familia lo más rápido posible dedicándome a hacer llamadas, y obtener más información por los medios; voy caminando rápido desde Broadway por la 204. La gente camina tranquila. Es demasiado fuerte y no hay informes que dar, por eso continúo caminando como caballo desbocado. Al llegar al edificio subo de a tres los peldaños hasta alcanzar el quinto piso. Abro la puerta del apartamento, con la lengua afuera. Enciendo el televisor preparada para aparar el corazón entre las manos porque estaba a punto de salírseme por la boca:

¡Una sola torre! ¿Qué se hizo la otra? ¿Para donde se fue? Y los miles de personas que ahí se encontraban, ¿Dónde están? ¿Les dio tiempo a salir? Todo parecía como si el mundo se estuviese saliendo de su eje, cuando de repente un gigante hongo negro tiznado, con el corazón de fuego rojo/naranja/negro, corona la otra torre que comienza a descender como anciano que se sienta. Mi cuerpo comienza a descender junto con el edificio hasta caer en el sillón que tengo cerca, porque perdí la energía por completo. Las lágrimas bajan; todo baja; El radiante día se torna triste y gris. Es el momento en que pienso en el amigo y seguido agradezco a Dios el habérnoslo dejado vivo. Un alivio en medio de la ansiedad por la familia y los sucesos.

Después de ubicar por teléfono cada miembro de la familia, llamo a la esposa del amigo de la torre. Llamada que no llego a cuajar porque la comunicación se calló de repente, junto con miles de personas, en un día de muerte, llanto y dolor.

-"! Tóquenme, pellízquenme para saber estoy vivo!" Dijo el amigo cuando le estrellaron la noticia en la cara, igualito que los aviones a las torres.

Muchas cosas salvaban su vida, entre ellas: su compromiso con la sociedad, la solidaridad con su pueblo, su profundo sentido de amistad, y el involucrarse en trabajos de grupo en bien de la sociedad. *Inmigrantes que vienen no solo a buscar y a quitarle trabajos a otros, como generalmente se comenta, si no a dar, como hizo él y también su candidato: su tiempo, su talento, su solidaridad, y su trabajo incansable. Por eso ese candidato mereció el apoyo de gente que no es oportunista, ni nunca había dedicado su tiempo a política partidista. Gente que solo había cumplido con el deber de depositar con su voto, su opinión y participación ciudadana.*

Ese día bajaron las torres. Bajo su gente: empleados, administradores, turistas, ejecutivos, equipo de limpieza, secretarias… quemados, explotados en el duro cemento al caer a la calle, exprimidos en las calientes paredes de metal, de un elevador. Bomberos y policías que se metieron con todo el coraje a salvar vidas entregando las suyas. Aplastados por una pared de cemento. Asados en la hojalata que compone un endiablado avión, cuyos pasajeros también fueron víctimas. Junto con las torres bajaron muchas cosas que cambiaron para siempre la vida tanto del país como de cada uno de los que en él residen.

Bajó el trabajo del amigo. Se desploma el respeto; la seguridad se deshace entre cenizas. La torre de Babel le quedó chica a ésta tragedia. Los edificios se derrumbaron como un embutido que voltea hacia adentro enterrando entre plomo caliente, a miles de personas que en segundos escribieron una página importante de la historia. Luego, la confusión -no solo de idiomas como en la torre de babel- haría pagar a los inmigrantes *las habas que otro burro se comió, pues en ocasiones se les confunde con terroristas. La ley de justos por pecadores.* Se detuvo el transporte en general, quedando como único medio disponible: los pies, todos con un destino común: llegar a sus hogares. ¿Fue este un preludio del día del juicio final? Los familiares llegaron muy tarde caminando hacia sus casas. Dos semanas fueron necesarias para que nuestro lugar de trabajo fuese habilitado para continuar con el ajetreo diario. Reparando ventanas rotas, sistema de internet averiado, polvo y restos de escombros por doquier. Según nos informaron luego en una asamblea fuera del recinto escolar.

Al retornar al trabajo, a la salida del tren me encuentro con que solo cenizas y olor a muerte se respira en área. Miles de seres humanos enterrados de repente en el sendero por donde paso a diario no fue algo fácil de superar. Personas que compartíamos asientos en los trenes. Vi gente buscando desaparecidos, llevando en sus manos o prendidas en el pechos sus fotografías. Contando a los periodistas acerca de la última llamada o mensaje en el contestador que recibieron desde el lugar de la tragedia. El olor a muerte que había en el área, produce cierto malestar físico. Seguido se me acerca un señor para ofrecerme ayuda porque las tragedias unen a la gente; lástima que exista el olvido. Las filas para ver las ruinas son interminables. El chequeo es minucioso y se cruzan las cámaras fotográficas y de video:

La gente quiere captar de primera mano, las imágenes de la tragedia; turistas que viajaron desde países lejanos, en cambio yo siento una ansiedad terrible por subir al quinto piso y observar el espacio vacío. Una necesidad inexplicable por saber más sobre los sucesos. Una sicóloga trató el personal de trabajo, para ayudar a superar el trauma. Fui salvada de observar las imágenes en vivo, como le tocó ver a mis compañeros-as, que aun al pasar el tiempo, siempre hay un momento en que vienen los recuerdos. Fue más traumático para los que presenciaron las victimas cayendo al puro cemento de la calle, pudiendo captar hasta el color y diseño de su ropa, según contaban.

Cuando finalmente puedo subir al quinto piso, me concentro en el amplio espacio de cielo que antes era imposible observar. Las nubes gruesas, de esas que se ciernen sobre la ciudad, ahora no tienen la necesidad de correr, sino que están estacionadas, relajadas, formando rostros, cuerpos, caminos y montañas haciendo homenaje a un pueblo de trabajadores que desapareció de repente y que con sus muertes cambiaron el nombre al área, por el simple de: "La Zona Cero".

Por otro lado, el daño que recibieron los neoyorkinos del área no fue sólo emocional, sino también físico. Innumerables personas se quejan de malestares pulmonares y de cáncer, entre otras, y muchos han muerto al pasar el tiempo por las mismas causas.

MORIR EN EL INTENTO

A continuación una líneas del libro "Morir en el intento" del escritor y periodista de Univisión, Jorge Ramos, tomadas de aquí y de allá, en honor las víctimas de una tragedia, quienes perdieron la vida metidos en un furgón blindado, entre ellos un dominicano.

"Los dos lugares que quedan en el furgón serán asignados a Enrique y a otro inmigrante que viene desde la república dominicana" *–Dominicano sin nombre en el libro de Jorge Ramos porque no se llegó a revelar su identificación.*

Martes, 13 de mayo del 2003. 91 grados Fahrenheit. Un reporte de la agencia Associated Press cita a las autoridades del área. Dice que la temperatura pudo haber llegado a 173 grados F. La caja del tráiler estaba totalmente sellada. Calcularon que tuvieron cuatro horas sin poder salir. En el aire flotaba un pesado sentimiento de frustración, enojo y asombro. ¿Quiénes eran los responsables de esas muertes? ¿Quién los dejó morirse ahí dentro? ¿Cómo se salvaron los sobrevivientes? ¿Dónde está la parte delantera del tráiler? ¿Quién era ese niño?

…en la caja del tráiler no cabían cómodamente. Algunos viajaban parados, apoyados contra las paredes. Otros en cuclillas, sentados y una creciente confusión. Su piel se tornaba cada vez más roja y caliente. La temperatura promedio del cuerpo humano es de 98 grados F. Sin embargo, bajo la creciente temperatura, ya nadie reaccionaba normal. Los mayores de edad y el niño eran quienes corrían más peligro. La primera media hora de conversaciones casi en silencio. Yo tengo sed, decían y no podían ver ni siquiera sus manos. El aire no entraba a la caja del tráiler. Con manos y uñas trataron de arrancar la caja metálica que cubría la puerta derecha, pero no lo lograron.

"Yo estaba desesperado" dijo Alberto, un sobreviviente. Rompí dos focos con las manos que me sangraban aunque no me fije hasta el otro día al ver las cicatrices. (Son dos focos de luces generalmente rojas que tienen esos tráileres atrás en la parte baja, y cada vez que veo uno que va delante de mí en la carretera, es suceso revive en mi memoria)

Enrique también le pegaba con el puño al foco, y finalmente lograron romperlo a golpes…los dos sacaron la nariz por los huecos y fueron los primeros en respirar a través de ellos, pero no eran suficientes para ventilar la caja del tráiler. De los hoyos entraba humo y más calor. Tienen que irse rotando. Marco Antonio, de cinco años edad, su padre lo llevo para que el niño respirara… reseco el interior de sus bocas y el movimiento provocó nauseas, vértigo…su respiración era corta y sentían que el tórax empujaba sus pulmones.

Entre los muertos había un niño de cinco años de edad. En el tráiler había por lo menos setenta y tres inmigrantes indocumentados que tras cruzar ilegalmente la frontera desde México, aspiraban internarse en el territorio norte, en busca de trabajo.

Al alar la palanca que abría la puerta, olía a muerte. Algunos cuerpos cayeron inmóviles, decenas de personas tiradas en el piso metálico; unas inconscientes, otras desmayadas. Entre los muertos se cuentan diez y seis mejicanos, un salvadoreño un hondureño y un dominicano.

PROYECTO FAMILIAR

La publicación de la historia a continuación tiene la única intención reafirmar como el poder de la unión puede sacar cosas de la nada. Otro propósito es el de reiterar que quien no se fija metas, es un barco que va de un lado a otro sin llegar a ningún lugar, quedarse varado, o sucumbir. Esto significó de alguna manera, la realización del sueño americano.

Verano, invierno o cualquier estación, los encuentros familiares en ese apartamento, son fijos cada sábado, mismos que se desenvuelven entre chistes y bromas. En el de hoy está anunciada la planificación de un proyecto que se llevara a cabo en caso de ser aprobado por todos.

El verano del 96 se ha presentado bravísimo, y hoy específicamente contamos con cien grados Fahrenheit, por lo que un león ruge en cada habitación, al ser forzado a soplar invierno artificial. El extractor de calor en la cocina también hace su trabajo; en contraste, el racimo de cristales que cuelga del techo de la sala, con su llovizna de luces aumentará grados en el interior de la vivienda, medios por donde el recibo de electricidad irá trepando escalones, hasta tocar las nubes y mellar el presupuesto familiar. De momento todo se paraliza porque parece que abajo en la calle algo ha sucedido. El potente caño del hidrante destinado a emergencias de incendios, está haciendo felices a unos niños, que no tienen ni la menor idea de la cantidad de agua que están desperdiciando, porque el ingenuo pedazo de hierro les lanza miles de galones por segundo. De repente se escuchan gritos y lamentos que ponen el vecindario en alerta. El caño de agua sin proponérselo, con la fuerza que posee, empujó un niño de los que allí se divertían, deslizándolo por el pavimento hasta introducirlo debajo de un vehículo en movimiento. Tres ambulancias, ocho carros de policía y siete de bombero desvanecen la algarabía.

¡Qué pena, en el lugar en el que se divertía¡ Por fin, van a clausurar la pompa!

Un equipo de bomberos con pesadas herramientas comienza a dar maniguetas hacia la izquierda hasta que el caño de agua disminuyendo, lentamente se va uniendo a lo allí sucedido hasta desaparecer.

En los edificios a ambos lados, incluido el que ahora ocupamos, ramilletes de rostros se disputan espacio en las ventanas, reflejando muchas cabezas que salen de un solo cuerpo. Otros se acomodan en la escalera de escape de emergencia en pura discusión, cada uno por quedar al frente para ser testigos oculares del hecho. La cuestión es pendenciar hasta el final, para luego seguir participando de la organización del mencionado proyecto, cuando todo vuelva a la normalidad.

Allá abajo se ha formado un carro tan largo, que no se le puede ver la placa porque se extiende hasta la cuadra siguiente, mientras que las luces intermitentes de los vehículos de auxilio, han formado una irreverente discoteca, dibujando líneas de colores en nervioso movimiento en los cristales de las ventanas. Luego el lugar comienza a ser despejado, dejando a los vecinos vaciar de su interior, la impresión de lo sucedido, cada uno narrando el hecho de manera diferente, de acuerdo al ángulo desde donde lo presenció.

*

Liberados ya del suceso, en el apartamento en cuestión se retorna a las bromas y murmuraciones hacia los que no han llegado, o de los que siempre salen a tiempo porque: "La grúa" se los lleva temprano.

"Los del Bronx vienen manejando un rodillo, ya que hace rato notificaron la salida de su casa, y todavía no llegan"

En fin se hablan tetas de yegua, como dicen por allá, porque el motivo es simplemente la juntiña. Se hacen falta.

-"Vecina, cuídese de que les hagan mal de ojos, porque usted si tiene una familia alegre y bonita"

-Así es. Son fijos aquí cada semana, y si por alguna razón falta alguno, como que no es sábado.

*

¿Sancocho con este calor?
¡Fue lo que pidieron!

La ropa en closets y gavetas se impregna de olor a sazones. ¡Este encerramiento! No obstante, el olor del caldo se escurrió por la puerta hasta el primer piso.

-¡Riiiiiing! ¡Riiiiing!

-Rápido, intento lavarme las manos y secarlas con el delantal, cuando ataca el tercer timbrazo.

-¡Aló!

-¿Qué llevo?

¡Tráete un aguacate y un cazabito!

Ahorita trae cinco. Así es de exagerado.

El teléfono inalámbrico sobre la lavadora, ahora es un suvenir de hojitas de cilantrito, sujetas con huellas de salsa de tomate, y hasta su perfumito a ajo y orégano tiene.

El calor de la estufa es suficiente para activar la alarma que automáticamente irrumpe con su fastidioso y punzante silbido rompe tímpanos. Comienzo a abanicarla con un trapo; luego tomo un cartón y la malvada no se calla, hasta que alguien molesto con el agudo pitido, se sube a una silla y la desconecta con rabia. – ¡Grita ahora condenada!- le dice como esperando respuesta de la ahora silente servidora que lo único que hace es cuidarlo de morir achicharrado.

Con los que vienen en camino, subirán los cinco pisos: jugos, galletitas, pan, frutas…La otra es fija con el postre, porque son fiestas de traje: Traje la verdura; traje la película para entretener los niños; traje…

Las dos de la madrugada es temprano para que despejen el lugar, y ni la operación de la escoba boca arriba con sal funcionaría en caso de que fuera necesario.

Los nietos por su lado, destartalan camas y hacen diabluras en los cuartos, disfrutando de la compañía entre primos.

*

¡Muchacha de por Dios no me grabes! ¡Mírame el pajón y ese reguero!

La tecnología extinguió la privacidad, como lo hizo con las románticas cartas de amor.

Una bulla en la sala me pone alerta y hacia allí me dirijo corriendo.

-¿Qué pasó?

-¡En niño hizo un solito!

-¡Qué emoción! ¡No lo asusten!

De momento me piden que me relaje y tome asiento para el inicio de lo proyectado, y mientras van saliendo papeles de un bulto, pasa por mi mente un amigo que en una ocasión, me había preguntado:

¿Cómo lograron ustedes tanta creatividad en esos muchachos?

-Creo que respetarles sus pertenencias, y dejarle libertad para inventar.

-¿Cómo así? –

-Bueno- para darle una idea- Allá en el país, en la casita donde nacieron, sus juguetes y el garaje de sus carros, que no eran más que neumáticos empujados con pencas de cana recortadas, se encontraba debajo de la cama, tomándome el trabajo de sacarlos para limpiar y volver a acomodárselos.

"! Tú si te pones de mojiganga!" Yo se los boto donde no los vuelvan a ver jamás.

Fue solo una opinión de una vecina en ese tiempo, que no cambió mi manera de actuar al respecto.

*

Lo propuesto para hoy tiene alguna relación con esa casita que vivía a la espera de la familia que al emigrar y pasar el tiempo, creció, por lo tanto ella no se siente capaz de alojarlos cómodamente a todos. En cambio ellos les manifiestan cariño por medio de visitas, fotos y videos, porque ella conserva esencias de su niñez. Muchos recuerdos.

Existía cerca de la casita, un terreno, comprado a retazos, cada vez que *"Caía una agüita"* y que los terratenientes vecinos decidían vender unos cuantos metros. Aun así, la construcción de una casa más adecuada, era única y exclusivamente responsabilidad de los viejos, y éstos, *Ni je, ni ja,* porque del viejo se escuchaba de vez en cuando:

-"Yo fabrico, cuando me saque la loto"

*

Volviendo al encuentro que nos ocupa; con presunción de presidente recién electo, el hijo mayor, después de limpiar su garganta, y unos cuantos Eeee, Aja, Eje, comienza la alocución que da inicio al mencionado proyecto.

¡Les voy a proponer algo importante! ¡Pongan atención!

-"Nada- que vamos para las cabañas el próximo fin de semana" -Interrumpe uno de los presentes- Así es que no digas que el viaje no va. O me pagas compensación por ilusiones frustradas.

-¡No! ¡Es en serio!" ¡Dejen el relajo! ¡Pónganse serios una vez en su vida! ¡Vamos a construir un edificio multifamiliar en la república, donde cada uno tendrá su propio apartamento!"

-¡Ja! ¡ja! ¡ja!!

-¡Y donde 'tan los cuartos!

-¿Tú estás bien, o estas delirando? Porque aquí solo se ha tomado agua.

¡No, yo cogí un chin de jugo de la nevera!

Cada uno responde al inesperado predicamento con un comentario diferente, en forma de broma, porque: ¿Quién tiene un chele para pensar en cosas iguales?

- ¿Cuando comenzamos?

¿Este lunes? -expresa la otra-Yo voy para dar el primer picazo. Me pagan el pasaje, y me llevo la cámara para grabar la ceremonia de bendición de la primera piedra.

"¡Oh ya se; te encontraste un maletín lleno de dinero!"

*

-Nada de mencionar el desentierro de una botija, llena de onzas de oro, que era la esperanza de años atrás, cuando la piña se ponía agria allá en el país, ahí por los años cuarenta/cincuentas y quizás parte de los sesenta.

En noches de luna, sin tomar en cuenta la presencia de los niños, siempre aparecía el testimonio de alguien a quien el difunto elegía para entregarle el tesoro. Era cuando los niños, hastiados de jugar, ansiosos y sudorosos, expulsando el calor como la puerta abierta de un horno a quinientos, se sentaban en la grama para escuchar las historias que rondaban alrededor de un difunto que hacía señas desde un montecito, invitando el candidato para mostrarle el lugar del entierro. El valiente siguiendo el difunto que caminaba de espalda, dejaba el lugar marcado con dos palos colocados en cruz y una pieza de vestir, para asegurar el tesoro y volver cuando no hubiese espectadores; no porque fuese un egoísta y no quisiese compartir, sino porque el difunto era quien elegía la persona indicada para hacerle la entrega del tesoro. Eran noches en que los niños amanecían envueltos como momias, dejando espacio abierto solo a los conductos de la nariz para evitar mirar el muerto encalado en una pieza de vestir que colgaba de un clavo, y hasta lo observaban moviéndose cuando la brisa se escurría por las rendijas que dejaban dos tablas de palma mal ajustadas, o las astillitas se habían ido desvaneciendo y abriendo un hueco.

*

Pasa el tiempo y con él, la consabida evolución, entonces las expectativas de encontrar la botija cambiaron por las de pegarle a un palé. Luego los que estuvieron en apuros fueron los pobres difuntos, porque el hecho de sacar las botijas sacaba de pobre al vivo y de pena al muerto, terminando el vivo el pleito con la pobreza, y el muerto partiendo libremente a su morada final, exento de deudas con el mundo, y con Dios.

Más tarde el deseo de cambio se centró en los viajes al extranjero donde las expectativas además de pegarle a la loto, son las de encontrar una maleta llena de dinero, razón por la que esta familia está a la expectativa del destape de la maleta.

-¿Por cierto, vas a poner elevador? ¡Porque yo no subo un escalón más! Ya estoy harto de subir estos cinco pisos.

Las sugerencias salpicadas de curiosidad continúan, mientras el iniciador de la idea se mantiene sin dar aparente indicios de molestia, lo que permite plena libertad para el relajo, y en eso pasan buena parte de la noche.

-¡Ah! ¿Falta -la oficina del Landlord- *¿Dónde la van a ubicar?*

En el primer piso. Yo voy a ser la secretaria. Quiero alfombra, computadora, muebles de cuero, aire acondicionado, cortinas elegantes, mi carro en la puerta y mi cheque cada semana.

-Falta algo: Un botiquín de primeros auxilios. ¿Quién va a mandar el equipo?

¡Todos! Aquí lo que se hará, será entre todos.

"-¡Te metiste en uno de esos negocios pirámides en los que dos personas salen millonarios, y cuarenta endeudados!

¡No! ¡no! ¡no! ¡A mí tú me entregas la llave de mi apartamento en su llavero! ¡Yo no voy a mover ni un dedo! ¿Quién te manda a estar ofreciendo? –

¡Sigan soñando en las nubes, si es que no encuentran que hablar!

Esta última es expresión del viejo, que está muy lejos de creer lo que allí se proyecta. Yo en cambio asumo desde el primer momento que algo serio hay envuelto en la proposición, porque este muchacho, ni es partícipe de negocios turbios, ni desperdicia palabras, pero todos estamos seguros, de que nadie tiene dinero ni para comprar la herramienta del primer picazo.

-Ya, dejen el relajo. La próxima semana hablamos. Se despide y todos quedamos igual que al principio, con un signo de interrogación en la frente, hasta el sábado siguiente.

Cinco hijos con sus respectivas parejas y el par de viejos, forman el equipo en la presente reunión.

Nos acomodamos curiosos y dispuestos a cooperar en el destape de la maleta y contaduría del dinero, pero pronto nos damos cuenta de que lo económico no es el primer punto a tratar en la agenda, porque todo se va desenvolviendo entre planos, ubicación de la construcción, sugerencias para escoger ingenieros y maestros constructores... Una reunión normal, con espacio para preguntas. EL coordinador comienza a operar su computadora y de repente el proyecto aparece en la pantalla del televisor.

-Esto es para que no se pierdan ningún detalle, para que luego no me digan: ¡yo no sabía esto, o aquello!

No sólo ideas van saliendo, sino la imagen de un edificio terminado de tres niveles con seis apartamentos y un kiosco en la azotea; estacionamiento de vehículos, jardineras, palmeras y flores adornan el proyecto que, aparentemente tiene carácter dictatorial, pero las discusiones de los pros, y los contras, salen continuamente a flote. Aun así, lo del destape de la maleta de dinero –lo principal-todavía está por verse.

Lo serio de la presentación opaca el ánimo para relajos que ahora se desarrollan en lenguaje de señas a espaldas del promotor quien inicia de esta manera:

"Me he reunido unas cuantas veces con la cuñada arquitecto, y hemos calculado que el proyecto sale más o menos por RD$,000.000 en plural.

-¡Queeeeeeee!

-¡Noooooo! Tu ta' relajando. Dejemos esto y hablemos del paseo a las cabañas será mejor.

Pero la firmeza del presentador, encamina al terreno de la seguridad.

Un presupuesto, donde estaba calculada la última funda de cemento, la mano de obra tentativa… sumando, restando y hasta multiplicando los sueños de cuando sus hijos –nuestros nietos– jueguen y corran en ese patio grande"

Hasta que aparece la letra final que completa el crucigrama: La página con la gráfica en números, que serán las aportaciones mensuales de cada socio, -una suma fija, por cierto tiempo, cantidad que todos solventaríamos sin herir de gravedad el presupuesto de cada uno.

De repente el ambiente va cambiando de lo chistoso a lo serio, hasta que nacerán líneas en un papel donde se estamparán firmas y se sellarán compromisos. De ahí en adelante, las vacaciones, playas, cine…y hasta las visitas a los restaurantes, sufrirán recortes. Lo que simboliza un plan de austeridad de un gobierno que trabajará con inteligencia para hacer lo que nunca se ha hecho en bien de todos y de cada uno por igual.

Las reuniones serán mensuales para informes y entrega de copias del estado de cuentas del banco, donde se abrió una cuenta común.

Pasan los meses, y por la pantalla del computador, cada uno en su casa, se percata de cómo algunos de los socios se están yendo adelante con los aportes, porque están invirtiendo cualquier entrada incluyendo las devoluciones de los impuestos anuales, pero como no es una carrera de competencia, nadie se siente presionado. Los demás sábados continuarán como siempre hablando de todo lo que venga al tapete, sin proponérselo, la construcción del edificio es el tema inevitable de conversación semanal de la familia. El asistir a las reuniones mensuales tendrá carácter de obligatoriedad, con penalidad de escuchar del promotor, una reprimenda, aunque deposite de antemano su aporte, porque no sólo es importante lo económico, sino la participación en todo lo que suceda relacionado con la construcción.

En una ocasión, uno de los socios se fue de viaje por Europa sin avisar, porque pesó más el deseo de la compañera, por lo que no le quedó pellejo, trabajo que realizamos entre todos, pues los viajes de esparcimiento estaban vetados por las leyes organizativas, como se estableció al principio. Éste se quedó atrasado en sus pagos, pero luego tuvo que meterse en la fila. ¡Más te vale!

El panorama ya tiene color; no sólo el de la cara material, sino el de un equipo de personas trabajando juntas por un sueño para beneficio de todos.

Después de un tiempo acumulando dinero, se inicia de la construcción.

Ahora las reuniones son más entretenidas, por los videos que trae el/la que viaja para investigar cómo va el trabajo. Del cuero sale la correa, de esa misma manera, los gastos de viaje, y como todo se hace juntos, por eso, ¡cállense! que vamos a ver el primer video: El de la construcción de la zapata.

-¡Espera, no le des a play! ¡Primero entrégame el pote de dulce que me mandó Nide y una cuchara!

-No, hay que repartirlo. No fue pa'ti solo. Déjame llamar a Nide para preguntarle. ¡Ven muchacho, cómprame una tarjeta de llamada de dos pesos, ahí en la bodega!

-Y a mí espérenme que voy pal' baño, y no me cojan la mecedora que yo me senté primero" Los demás se van pa' los muebles o se tiran al piso "Es más" dice colocando el bulto de papeles y planos: -Asiento ocupado-

-¡Ya dale play! Dice de regreso, secándose las manos.

-¡Oh, mira aquel haragán como está barajando! ¡Llámame a Pablo!

-¡El diatre, cortaron la mata de aguacate!

¡La crema! ¡Cuánto material!

-Te digo, eso va pa'lante. Dice satisfecho el iniciador, mirando el avance de su idea, como el autor de un libro, que al repasar sus escritos se admira de sus propias ocurrencias, como si las ideas hubiesen salido de otra mente más creativa.

-¡Observa a aquel, el de gorra roja; va explotao con la carretilla llena de gravilla! ¡Pobrecito!

¡Mira! mira como fabricaron una grúa de madera. ¡Gente que tiene iniciativa!

Es que los inventos nacieron de la necesidad.

-¡Y aquel pobrecito tan flaco subiendo ese viaje de varillas!

-¡Epa! Mira ese haitiano con los zapatos amarrados con una soga. ¡Se le despegó la suela! ¡Hay que mandarle un par!

-No se lo compres que yo tengo un par en mi casa que ni me los he puesto.

-¡A ver quién le consigue un sombrero al de las orejotas de abanico!

-¿Quién es el próximo en viajar?

-¡Yo! ¡Yo!!YO ¡Yo!... dicen todos levantando las manos.

Por medio de videos y fotos en secuencia participamos desde lejos de la construcción, de principio a fin.

Luego de cierto tiempo, lo que al principio nos pareció imposible, es una realidad. No una cosa del otro mundo, pero para la que había, con perdón de la casita. Dijo uno de ellos. Y mucho cuidado de que ella no escuche ese comentario.

Lo demás es historia, porque de tiempo en tiempo, esos niños van a jugar, en aquel patio que fue dibujado en la mente de un hijo que sabe dirigir sus pensamientos y hacer castillos en el aire, con los pies bien puestos en plena tierra.

La parte material no estará nunca por encima del esfuerzo de una familia que se une para realizar cosas. Luego se ha escuchado algún comentario, de esos que nunca faltan.

Pero hay material para devolverle: "No señor" Ni lo uno. Ni lo otro. Ni eso que usted está pensando.

Esta fue una manera de realizar el sueño americano, que no se logra con solo con emigrar, como se piensa. Hay que visualizarlo y ponerlo en práctica.

Al pasar los años, cada uno tiene documentos que indican lo que invirtió y su apartamento individual. El área común del edificio así como el patio, es pertenencia de todos.

La bendición e inauguración fue tan curiosa y sencilla como la iniciación del proyecto.

-¡Muchacho! Tráeme una maima de agua y pásame un ramo de esa mata- Dijo el Padre Regino. Luego fue subiendo escaleras y bendiciendo apartamento por apartamento, y orando por los que allí residirían en el futuro.

RETRATO HABLADO

De todos los emigrantes del mundo, que como una sola persona viven añorando el lugar de donde un día partieron, con más anhelo del que una vez desearon dejarlo. Anhelando siempre que su gente del futuro no tenga que dejar su tierra con tal de sobrevivir; representados en una comunidad específica.

Me ofreciste tímidamente tu historia, escondiéndote detrás de miles de los tuyos, razón por la que apenas te escuchaba, cosa rara en ti porque te te acusan de ser el/la más alborotado/a, bocón/a, chillón/a, escandaloso/a y todo lo que tenga que ver con la desestabilización de la tranquilidad, producto de la realidad que cargas sobre tus espaldas por más de cinco siglos dicen unos. Otros se lo atribuyen al sol caribeño que te mantiene la sangre ardiendo. Pero bueno, sea lo que sea, ese/a eres tú y así te quiero.

Eres la imagen de todos, porque eres de todos colores, tamaños, diferentes tipos de pelo, de ojos, como si arribases desde todas partes del mundo porque llevas sangre indígena, africana, europea…y hasta de medio orientales pareces tener rasgos, pero posees algo más que te identifica con todos: los mismos sueños, y las mismas necesidades.

Arribaste en diferentes fechas, por diferentes entradas, y en diferentes condiciones: con residencia; con visa de paseo; sin nada; en yola; cruzando fronteras y países; por un matrimonio arreglado, y hasta en el tren de aterrizaje de un avión te colaste como polizonte y de casualidad la cuentas, porque te sacaron morado, sin respiración y hecho un tempano de hielo porque eres el más atrevido. Por esa razón te escogí como modelo, pues eres mi gente, mi esencia. Te declaro mi héroe/heroína aunque nunca te fabriquen una estatua en la plazoleta, ni en tu país, ni en ninguna parte, porque simplemente eres: "El ausente" Así de simple.

Aquella noche te acompañé junto a tu familia, amigos, vecinos, en la tertulia que se desarrolló entre tristeza y alegría, despedida/ celebración- donde tragos y cherchas se afanaban en disolver lágrimas, entre ellas, las más gruesas, las de tu mujer, que, siente ya tu indefinida ausencia, aun con los matices de la luz que se vislumbra al final del túnel. Tus hijos anidando esperanzas dejan salir sus ilusiones: por fin la motora, el celular…

Las cuerdas de la guitarra entre los dedos de piel papel lija de tu primo albañil, lagrimean notas acordes con las intermitentes lamparitas que se forman con el caldo del hirviente sancocho, donde los trozos suben y bajan bailando con las siete carnes. La maleta en la cama, y en un bolsillo del jacket, un boleto de ida; tu foto en el pasaporte y un nombre que no había sido bendecido con el agua del bautismo, te asegurará nueva vida, beneficios de retiro y nuevo apellido heredarás a tu prole, terminando ahí mismo el parentesco con el señor Ramón: tu padre.

Pobre viejo Món, jamás hubiese podido asimilar algo así. Su esqueleto debe estar dando vueltas en el ataúd. No obstante, el nuevo apellido te costó tu dinero, y no es que desprecies a los Ureña, porque con mucho orgullo lo has llevado hasta ahora; un apellido forrado de honestidad y trabajo. Te sientes confiado porque dentro del pasaporte, una tarjeta de residencia extranjera, como horcón de soporte, convalida tu identidad en el pasaporte.

Repetiste nombre y apellidos, hasta tatuarlo en tu mente, previniendo que te llamaran por Estanislao Queseyoquién, y quedarte indiferente, por lo que te investigarían, pasando a formar parte del grupo de los devueltos al país.

La nueva fecha de nacimiento te tumbó unos años, por eso te ennegreciste el cabello y el bigote con tanto esmero, que te convertiste en un estuche de tinte de pelo. A fuerza de repetirlo te aprendiste tu lugar de procedencia, número de seguro social, la dirección donde supuestamente has vivido por muchos años. La ubicación del George Washington Bridge, y los números y letras de los trenes que culebrean de un extremo a otro la cuidad y la ubicación del Parque Central, el pulmón verde de la ciudad. De no conocer esos detalles, cualquiera pensaría que no son tuyos los documentos que te permitieron cruzar.

Unos paquetes esperan en la mesa, a que tú, machacando con furor tus pertenencias, hagas un huequito en el equipaje. Y mucho cuidado con que se te quede uno. El pote con agrio de naranjas curado y el de ron, quizás lo envolverás con toallas, y los quesos y los dulces enrollados entre la ropa, para que no te pase lo del compadre Antonio que la ropa le llegó borracha y sazonada, resultado del tiradero de equipaje en la aduana.

Un abrazo; una lágrima sincera como la de doña Antonia que se despidió temprano, no sin antes exclamar: "! Que San Rafael me lo guie!" –agregando: "Se apagó este vecindario, pues este era el más alegre" Mientras en tu casa la juerga se extenderá hasta llevarte en caravana al aeropuerto, porque la expectativa no te dejará dormir de ninguna manera, aunque te acueste a echar una pavita.

El último abrazo te lo dieron camino a tomar el avión, pero antes de cruzarse detrás de ti las puertas de cristal, la camisa por la espalda llevaba pegados un ramillete de ojos que te seguía hasta que te perdiste. Lleno de optimismo les había prometido a cada uno, no solo enviarles un pedazo de cielo extranjero, la luna y un par de estrellas, sino también hacerle viaje cuando y como te fuera posible; aun concebiste la opción de enviarle un/una ciudadano/a, para casarlos/las. Lo hiciste con el puño derecho sobre tu pecho, sin conocer lo difícil que es darle curso a dichas promesas. Tal era tu sentido de solidaridad. El compadre taxista te recogerá en el Kennedy, y muy orondo te llevará a su casa.

Con suerte seguido conseguiste trabajo de friega platos en un restaurante, tu que no habías fregado ni siquiera un cuchara, mientras el calendario igual que la época, es un árbol tirando hojas; de la misma manera se va alejando la posibilidad de realizar las promesas que hiciste, lo que causa que tu corazón se valla estrujando hasta transformarse en una pasa, pero no te queda más remedio que plancharlo y seguir adelante, como hace la mayoría, a sabiendas de que con ello pierdes tu credibilidad como la persona seria que siempre has sido, y mientras vives el día a día, vas aprendiendo cosas. "La universidad de la vida" porque luego te das cuenta de lo mucho que has aprendido, sin necesidad de maestros.

Captaste la realidad de que a muchos de tus conocidos, el sueño que habían empacado en la maleta años atrás, se les había convertido en una jamaqueada de cabeza en un asiento del transporte público, camino a, o de regreso del trabajo, y tú querías evitar que te pasara lo mismo. El hecho te causa cierta curiosidad, razón por la que decidiste hacer un estudio minucioso sobre la situación, más amplio que la tesis requerida para la profesión que estudiaste y que nunca tuviste la oportunidad de ejercer en tu país, aunque repartiste más currículos que granos de arena tiene una playa, porque tus compañeros de carrera se podían contar con la misma medida, y no había cabida para todos.

Quien atrajo tu atención fue un amigo que había emigrado veinte años atrás, y lo encontraste viviendo en condiciones de pobreza. El resultado no te salía por más que tratabas de buscarle solución a la proporción: a más años, más plata. Otro de ellos estaba viviendo de cheque a cheque; el otro había perdido el trabajo, había consumido sus ahorros, y estaba pidiendo la luz por señas; otro de ellos compró casa, luego perdió el trabajo y por ende la casa. Otro más vivía de los beneficios de incapacidad por una accidente que lo dejo invalido físicamente, con el cual te encontraste dependiendo cada paso de un bastón de cuatro patas, y su mujer recibiendo beneficios de la asistencia pública. De esa manera unos cuantos más que se dejaron vencer por vicios, pero no los incluiste en el estudio, porque la razón es obvia. Excepto dos o tres que estaban viviendo la meta que se propusieron, como ejemplo la pareja que te invito a pasar un fin de semana en su casa, donde todo era grama y árboles. En ese grupo incluiste los que ya se retiraron al país con mejor posición económica.

Mientras que al amigo concampuno que dejaste en la patria, lo mata la imaginación: "Ese está podrido en cuartos, lo que pasa es que el jodío país ese, ya le comió la mente, para que se olvide de uno" Te diste cuenta de que algunos de los ausentes, ni siquiera con su documentación en regla, podían visitar su país de vacaciones. En cambio tú los había imaginado caminando sobre una alfombra verde tapizada con dólares, en una sociedad que no tiene las cicatrices que marca la pobreza, por lo tanto, no conoce de hambre ni precariedades.

Contradictoriamente te diste cuenta también de que mucha de tu gente está atrapada en la ratonera del consumismo. En el compra y bota. Me confiaste la frustración que sentiste al ver artículos en buenas condiciones, tirados al sótano; tomaste la máquina coser prácticamente nueva, la caja de libros que te ayudó a hacerle compañía a la soledad. Notaste que la maquina tenía un letrerito: "esta buena" porque el que la puso allí, igual que tú, no es participe del desperdicio y la había tenido que tirar por alguna razón poderosa. Los muebles no los tomaste porque no te cabían en el cuarto que conseguiste el día que a la salida del trabajo no sabías donde ibas a pasar la noche. Por momentos te sentiste prácticamente un desamparado, porque la señora sin pena ni gloria de repente te pidió el cuarto sin darte tiempo para buscar otro. La razón fue que llegaban los familiares desde Jamao al Norte. El compadre prácticamente se quedó sin cara porque se le cayó ahí mismo y no encontró la manera de recogerla; Por suerte encontraste una tarjetita tirada en la acera con dirección y número de teléfono: "Se rentan cuartos". Viste el cielo abierto y seguido pensaste: "Dios no le falta a nadie"

Ya instalado en tu nuevo cuarto, te sentiste compelido a tomar algunas cosas del sótano pero te frustrabas por la falta de espacio donde guardarlas, y no poder lidiar con el costo del envío, en caso de que quisieras mandárselas a alguien que la necesitara, luego al día siguiente viste como el camión de la basura, como hipopótamo hambriento, las trituraba y se las tragaba con ganas, entre ellas una silla de caoba antigua y una televisión; le cortaste los ojos al pobre aparato como si él tuviese la culpa de estar al servicio de una sociedad condicionada al consumismo, especialmente nuestra gente latina que ha sido motivada constantemente por la propaganda que se despliega en todos los medios.

Contándome tus peripecias de recién llegado, me confiaste que ya no podías ver ni en los tramos de la bodega las latitas de espagueti con bolas de carne y las de salchichas, de tanto comerlas calentadas con pan, para usar lo menos posible el micro ondas, debiendo esperar tarde en la noche cuando la familia se fuera a descansar, y con sumo cuidado evitabas chocar una cuchara contra el fregadero que habían dejado impecable, para no hacer ruido.

Me confiaste del apuro que pasaste el sábado aquel, recién mudado, en que la familia tenía visitantes. Atacado por tu timidez, y el ambiente extraño, no querías interrumpir conversaciones privadas, pasando por la sala para usar el baño, por eso intentaste aguantar hasta que se fuera la visita. De momento te sentiste tentado a usar un recipiente para deshacerte de él cuándo se fueran a dormir pero, "sale el olor" pensaste. Luego cuando la emergencia se fue tornando insoportable decidiste caminar rápido hasta un negocio de comida rápida que está a dos cuadras y que tiene servicio de baños para los clientes. Por poco se desarrolla allí mismo el accidente intestinal cuando tuviste que esperar para pedir prestada la llave del baño, por la larga línea que había, pero distrayendo la mente y apretando, lo lograste.

Era noche de sábado y la gente comenzaba a salir a distraerse, cuando regresabas de tu "diligencia" para encerrarte de nuevo en el angosto cuarto donde solamente cabe la cama, el ropero, una silla; en una mesita la televisión, el teléfono, y al lado, la neverita portátil. Ni pensar en salir a divertirte porque esa semana habías hecho el envío de dinero a tu familia, y a tus padres.

Te deseabas la muerte cuando el abanico cuadrado, presionado por la ventana que lo aplasta para que no caiga cinco pisos hacia abajo, te tiraba aire caliente, desde el patio que solo te ofrece la odiosa vista de ladrillos y ventanas de cristal forradas con espesas cortinas, donde no se divisa ni un alma que respire. Lo único vivo que te acompaña son los pajaritos que se asientan en el árbol en medio de las dos paredes.

Por si fuera poco, el premio a tu sacrificio de ese día se manifiesta al regresar y entrar la llave en la cerradura del apartamento, luego la de tu cuarto que está en el pasillo justo a la entrada del apartamento, cuando escuchas los insistentes timbrazos del teléfono que no te da tiempo a levantar. Luego al timbrar de nuevo sientes el enfado usual en la voz de tu mujer, al no contestar tu eufórico saludo, porque te echa la culpa de que no le salen rápido los papeles, como si tú fueras el cónsul que los está procesando. La actitud con que te habló, no te dio tiempo ni siquiera a preguntarle por los niños, además de la impresión que te causó escuchar tu nombre real. ¡Ramoncito! Tu nombre de pila, usado por ella cuando las cosas no andan bien. En momentos de bonanza eres "More." Te has acostumbrado tanto al nombre de tus documentos, que si te hubiesen llamado por el tuyo de pila en otro lado, ni siquiera hubieses volteado a mirar, porque no pensaría que era contigo.

"? Adonde tú andabas Ramoncito? - ¡Esta es la tercera vez que marco y ahora es que contestas! De seguro que gozando la vida por ahí, y uno aquí llevándoselo el mismo diablo, y luego dizque no te alcanza el dinero.

-¡Ca.....ndo!, intenté decirle, y perdone lo prosaico, pero se iba a enfurecer más con la mala respuesta; y para no dañar más el momento de lo que ya estaba, solo le pregunte: "? Recibiste el dinero?" a sabiendas de que ella nunca entenderá la situación porque llegará junto con los hijos, a su propio apartamento, ya que me propuse vivir en cuartos, hasta que se les aproxime la cita.

RESULTADO DEL ESTUDIO

Al finalizar tu investigación y sacar en limpio los resultados, sentiste un gran alivio, porque fueron alentadores, ya que descubriste que ni el tiempo, ni la distancia, ni posesiones, ni el roce con nuevas culturas, ni adoptar ciudadanías ajenas, fueron herramientas capaces de cortar el cordón del ombligo que une a tu gente con lo que dejó atrás, porque el apego a las raíces, es uno de los valores a los que están atados con siete nudos.

Que demuestran el amor por lo suyo en los continuos viajes de retorno, aunque tengan que pagar el pasaje y pasaporte más caro del mundo, por una travesía de tres horas.

Que no importan los comentarios de que "que la inseguridad ha acrecentado en el país" "que la vida está muy cara" para comprar el boleto sin pensarlo dos veces, aunque vuelvas derrotado para comenzar de nuevo. Pudiste observar como en video, como los ausentes se mantienen en continuo intercambio, porque han construido una carretera internacional de doble vía, fabricada con el trueque de talento y fuerza de trabajo por dólares. Carretera por donde transitan de ida las remesas, las cajas de ropas, de comestibles; el apoyo colectivo a obras sociales, y la solidaridad cuando suceden desgracias naturales; misma vía por donde regresa el cariño de los presentes, manifestado en una menta, un dulce, un redondo queso rojo forrado en cera, o una botella de ron, de lo que produce tu tierra, porque para ellos "hay un país en el mundo", aunque este cimentado en oro y techado de miseria.

En tu investigación te detuviste a observar una gran masa colgando de una cuerda, cuya punta al otro extremo está atada a sus raíces en el país. Cuerda que les borra el signo de ausentes, porque están tan presentes como el árbol antiguo que regularmente se encuentra a la entrada de cualquier pueblo. De paso no quisiste dejar de hacer mención del tuyo. La mata de Samán que con brazos extendidos de extremo a extremo de la calle, espera ansiosa tu llegada. Pudiste captar que es mínimo el grupito que ha borrado de sí el valor de la solidaridad que los identifica.

Al viajar aprendiste la lección, porque tenías entendido que los ausentes habían dado el salto al salón de la fama del bienestar, pero de tanto indagar, llegaste a la conclusión de que ellos también son víctimas del desconocimiento de una realidad, por parte de los presentes. "El que busca encuentra" frase repetida a menudo por tu abuela.

En tu estudio obviaste los que dejaron de lado su cultura, entre ellos los muchachos que observabas tirar huevos el cuatro de julio; entonces le preguntaste a uno de ellos:

-¿Qué pasó el veintisiete de febrero en tu país?

-I have no idea. No tengo idea, te contestó el tajalán que de seguro había cortado por mitad la high school, y la misma respuesta te la dio una niñita que colectaba huevos de colores en el parque cuando le preguntaste:

¿Cómo se celebra la fiesta de resurrección en tu país?

Pero el niño disfrazado de diablo en Halloween te contestó diferente, cuando le preguntaste:

¿Porque estas disfrazado?

"Porque todos lo hacen, y porque mi mamá me compró el disfraz".

De todos modos, los resultados positivos que se desprendieron de tu estudio fueron tu cura porque descubriste el síndrome de la envidia común que padecen los ausentes; falta que esta exonerada de la lista de pecados capitales. Esta sale a flote cuando se escucha el peculiar ¡Pum! ¡Pum! ¡Pum! de las maletas golpeando los peldaños de alguna escalera cuando las arrastran, casi siempre en plena madrugada, porque el ausente añora las vacaciones en su país, como embarazada la fecha del parto, y cuando se acerca, el ajetreo los agota tanto como los insomnios propios de esos días ¡pero es un cansancio taaaan delicioso, que causa placer!

Confirmaste como te dije al principio, que el rostro del ausente aparece en ambas caras del pergamino del libro, pues aporta a la economía del país del que emigra, y también es base de la economía del país al que inmigra, porque además de su aportación en el campo laboral, es conocido como el gran consumidor, eslabón importante para el balance del mundo capitalista. Los observaste como la hormiga, abasteciéndose de provisiones para el invierno- el verano- las vacaciones. Comprando para llenar cajas, maletas, a fuerza de tarjetazos; de maltratar el bolsillo hasta deshilacharlo. La cuenta de banco como represa en víspera de ciclón, se vacía hasta causar daños. Hace compras por internet. Sabe dónde están las grandes tiendas que venden ropa de marca; No se pierde los especiales de los periódicos recortando cupones de descuento; las ventas de garaje; las tiendas del ejército; las tiendas de las aceras, con los artículos regados en puro suelo...y hasta las 99 reciben sus visitas. Tampoco deja de pasar por donde la señora que vende ropa en una habitación de su casa, ni las ventas en los sótanos, donde puede encontrar marcas a precio reducido, y en cada paso que da, va disfrutando el placer que le proporcionarán las vacaciones que se avecinan, tanto, que ni se da cuenta de lo que lleva gastado.

Compañero de destierro, quizás no te haya tocado vivir la experiencia del amig. Yo tampoco. Quizás una que otra mala pasada; pero he recopilado el sentir de muchos, según escucho las quejas. Sucédete o no, la imagen que tú regularmente proyectas al regresar a tu tierra es la de triunfador y con la historia de Julito quizás te haya puesto en calidad de víctima. Perdóname pero lo eres en cierto modo, porque conozco la privación de cosas por las que vives suspirando: Entre ellas, tu clima tropical. Tus playas plagadas de cocoteros. Esperar el sueño a la luz de la luna conversando en el patio con la familia, amigos y vecinos, armando tertulias y cocidos. La siesta de doce a dos. Escuchar arreglando sueños frente al colmado. Los cocos de agua descabezados debajo de la mata; recoger del suelo la guanábana gigante que se abrió la barriga al caer; le quitas los terroncitos y te preparas tremenda champola; limpiar los zapatos con el limpiabotas del parque, mientras lees el periódico. Los aguinaldos; el café de doña Luisa; Las fiestas patronales. El dominó con los vecinos, porque eso también me pasa a mí, ¡ah! Se me olvidaba, los remedios caseros que dondequiera te recetan. Te preparan el té que es un cuchillo para sanar enfermedades incurables y cualquiera te pone una inyección o un suero en tu casa, aunque no haya pasado frente a una escuela de enfermería.

Otra cosa de la que te quejas es la incomodidad con el manejo del dinero cuando regresas al país, porque te conviertes en un idiota en potencia, y te engañan en tu propia cara. Devuelves dos mil por quinientos, o doscientos por cincuenta, porque las papeletas se parecen muchísimo, y si el que recibe no es honesto, perdiste tu dinero sin reclamo porque cuando te das cuentas ya es tarde y te incomodas contigo mismo, y nunca aprendes porque qué diablos vas aprender en dos semanas, o en un mes.

Por todas estas cosas, hermano ausente es que te invito a mi casa esta navidad, verano, semana santa... Aquí debajo del mango, para disfrutar juntos un sabroso asopao, entonando la canción que hace tiempo quiero cantar a todo pulmón, antes de partir al viaje que no tiene regreso: *"Escucha hermano la canción de la alegría..."* "Donde los hombres volverán a ser hermanos."

UNA MENCION AL COMPATRIOTA PRESENTE

Ya consiente de todas las peripecias que vive el ausente, tratando de hacer conexión, decidiste hablar con el compatriota presente, porque tienes madera de conciliador, de los muchos que hacen falta, y de esa manera comenzaste tu discurso:

Compatriota que te quedas en la patria. Paisano presente; te siento tan cerca que percibo tu aliento. Escucho tus quejas y me alegran tus logros como si estuviésemos bajo el mismo techo.

Parecemos un par de bobos frente al televisor, disfrutando los premios "El Soberano" porque juntos miramos los mismos programas de televisión. Juntos nos reímos y juntos también lloramos a Milton Peláez, a Luisito Martí, a Corporán de los Santos, Freddy Beras Goico, a Yaqui Núñez del Risco, a Sonia Silvestre y a todos los que una vez con su talento, arte y humor, nos hicieron la vida más llevadera.

Juntos también nos llevamos las manos a la cabeza frente las catástrofes de la naturaleza, accidentes, crímenes, robos, y juntos sufrimos por los mismos problemas, acusando gobiernos y policías de corruptos, y juntos danzamos en las alegrías.

A la par saltamos, gritamos y celebramos cuando gana nuestro equipo de pelota, y quisiera estar presente para participar en las discusiones por la mejor jugada, error y pelotero que lo realizó, tanto que atacado por la adrenalina, hasta he sentido deseo de pasarme por la pantalla, para meterme en el lío, y al no poder hacerlo, lo resuelvo con tres coños y un petacazo.

De madrugada me comunico con las emisoras de radio para opinar por la falta de atención a los pacientes del cólera, o para quitarme las ganas de decirle tres dichos en público a un político, y juntos trabajamos en campaña eligiendo los gobernantes, aunque la mayoría de veces nos equivoquemos porque en eso de campañas, tú y yo nos hemos destacado ampliamente.

Mientras tu desfilas a todo lo largo de la carretera Duarte, yo lo hago, por la avenida Juan Pablo Duarte del alto Manhattan. Una gran parte de los ausentes va caminando conmigo y créeme, me parece que estoy allá porque mi bandera, la misma tuya, encabeza la caravana, mientras yo llevando una en miniatura, la levanto con orgullo, entre miles que hacen lo mismo.

Igual que tú, voy pasando frente a negocios: bodegas, salones de belleza, restaurantes, fruteras en plena acera, muchos de esos negocios propiedad de tus compatriotas

La gente en la acera se solidariza conmigo, cada uno a su manera: *¡Ese es! ¡Ese es!* Pulgar hacia arriba. Otros virando el mismo dedo: *"¡Ese no va pa' ningún lao; ladrón,* vende patria, y una sarta de frases que solo tú y yo entendemos.

Para no quedarme golpeado, igual que tú, les contesto*: "¡Tu madrina!" y su madre y toda su ascendencia,* porque estoy influenciado por los hechos el momento. Otros me secundan: *¡Azaroso!! ¡Trujillista! Hijo e'... ¡!!! ((!&&...y todo lo* que sigue es impublicable, porque hasta me llaman a pelear igual como hacen allá contigo.

El día de las votaciones caminamos a la par hacia las urnas, tú allá y yo aquí. Ese día salgo más temprano que de costumbre para depositar mi voto camino al trabajo, y a la hora del almuerzo me dirijo a hacer una importante llamada, para ver cómo se están dando los comicios, y de paso hacer propaganda de última hora, con la diferencia de que tú no trabajas ese día, y yo sí y mientras tú pescas unos pesos con los políticos, yo confió en que estoy haciendo algo para cambiar la situación.

-¡Aló! ¡Estanislao! ¿Llevaste a votar temprano a Doña Fina? Acuérdate que no puede caminar. No la lleves en el motor que puede sufrir un accidente, entonces vienen las vainas. Háblale a cualquiera de ellos, para que la lleven en un taxi, acuérdate que hay dinero en el medio como hoja 'e palo.

-¡Aló! ¿Me oíste? Esa vaina se oye ronco. Parece que se va a caer. ¡Alo! ¡Salte pa'fuera que la voz se oye lejos y como que está saltando. ¡Ahí parece que no hay señal! ¿Me oyes? ¡Date rápido que salí por un momentito del trabajo aprovechando la hora del lonche!

-¡Alóooo! ¡Ahora sí!

¿Le mostraste bien la cara del candidato? ¡Tenías que asegurarte de que le haga la cruz al calvo, cara redonda, porque ella casi no ve!

-¿Le dijiste que él le va a bajar el precio de la comida, va a arreglar el problema de la electricidad y va a bajar el costo de la medicina, entre ellas, las pastillas para el corazón, que la mantienen viva?

-¡No hombre no! Quien dijo que va a arreglar na!

-¡Como que no! ¡A que ya te juntaste con el flaco y te lavó el cerebro! ¿Cuánto te dio? Acuérdate que los otros dan más porque están en la papa.

-¿Mira a ver, que yo con eso no juego, porque luego son cuatro años más en la misma pendejada.

-¿Aló, me estás oyendo? Dile que va a bajar el costo de la gasolina que está más cara que en todas partes, por ende bajará el precio de los pasajes. ¿Parece que nosotros somos hijos de doña Machepa? ¡Dímele así mismo a la bandada de vampiros, que dice Arturito, responsablemente!

La señora en la caseta contigua, está a punto de explotar pues no se puede concentrar, pero a ti ni te importa, porque en ese momento estás pensando que el mundo es tuyo solo.

¿Qué? ¿Qué no vote por ese! ¿Que tuvo su oportunidad y no lo hizo? ¡Pero ahora dijo que lo iba a hacer! ¡Llévate de mí coño!

No va a arreglar na! ¿Porque no lo hizo cuando tuvo su oportunidad?

Esa noche nos desvelamos esperando el resultado, atento a si ya salieron los cómputos de Hatillo, para ver cuántos votos sacó mi candidato en esa zona; si se fue la luz, cuantas cédulas comprarían, y cuántos muertos hay hasta el momento.

Luego me llama el primo que trabaja turno nocturno, para informarse de cómo va el asunto, porque atentos al desenlace, nadie duerme, y así mismo nos vamos al trabajo al otro día.

Para sobrellevar el nerviosismo, me mantengo anotando cómputos en un cuaderno, y el jarro de café al lado. Y y en caso de que mi candidato suba aun sea un solo voto arriba, sin esperar el veredicto de la junta, doy tres puñetazos en la mesa, y salgo a reventar la bocina del carro, y a quemar las llantas como lo haces tú allá, para darle lata al vecino que es de otro partido, para que se explote, porque luego que pasa todo, quedamos enemigos, aunque todo se convierta en euforia momentánea y más tarde se arreglen las amistades. En caso de detectar algún fraude, igual que tú, con tres coños me tengo que conformar. Porque tú más que nadie sabes que somos tan fanáticos al punto de mantener en campaña los presidentes difuntos, levantando sus posters y repitiendo discursos pregrabados, para animar a sus adeptos, que creen en él, igual que en San Expedito.

En una ocasión le pregunto a un compañero de trabajo de otra nacionalidad:

¿Quién ganó las elecciones anoche en tu país? Y me contesta con otra pregunta:

¿Había elecciones en mi país?

Eso no nos pasa ni a ti ni a mí hermano presente, porque valoramos el derecho al voto, y por él damos hasta la vida. De esa misma manera estamos atentos a las elecciones en cualquier país de Latinoamérica porque compartimos la misma historia. Aunque no dejamos de reconocer la envoltura de fanáticos que llevamos puesta tu y yo, porque cuando sale a la luz el fraude, nos prometemos no volver a fuñir con eso, pero la magia nos envuelve de nuevo; droga que tomamos cada cuatro años, porque nos sirve para tapar la realidad, y pensar que vamos a estar mejor. Y mientras tú y yo nos vamos poniendo viejos, la mejoría sigue convertida en esperanza, y…dicen que las esperanzas mantienen.

APRECIACION FINAL

Muy especialmente a los alquimistas. Los que lograron los objetivos que se propusieron al dejar su tierra, tatuando en su mente la búsqueda del tesoro, sin permitirle a nada ni a nadie robarle su sueño. Dispuestos a cruzar a pie el desierto y llegar a las pirámides. Es ese grupo que se prepara y se supera, mantiene sus trabajos y sabe manejar su economía. Los que no se dejaron arrastrar por los vicios. Los que no permitieron que nada ni nadie le cambie la cultura de donde nacieron, siempre dispuestos a aprender de otras y ofrecer con orgullo la suya. Los que sin dejarse arrastrar por el consumismo compran lo necesario y están dispuestos a luchar sin descanso, hasta lograr la meta, sin dejar de vivir y de tomar el descanso necesario cuando llega el momento.

En fin, a todos los que su muerte fue un grito que se perdió en la distancia y en el tiempo.

EPILOGO

No pretendo haber impartido un curso intensivo sobre la emigración en el mundo presente, y reconozco que este humilde reconocimiento no tiene el marco tallado en oro con letras de plata como se merece. Más bien he tocado por una esquinita la angustia que experimenta la gente que emigra sin los documentos requeridos, porque a todos de una manera u otra, les toca pasar duras experiencias.

Quitarle un polvito de encima a la conciencia, porque nos estamos convirtiendo en insensibles al escuchar, observar y palpar tanto dolor en el mundo, relacionado con las emigraciones.

Sin embargo, no ha sido mi intensión frustrar los sueños de los que lo quieren intentar. También reconocer la solidaridad de los que emigran, con los que quedan atrás, formando una cadena de peticiones donde familias enteras han dejado en su pueblo, solo vacío, recuerdos y una casa solitaria que causa nostalgias en los que pasan por su frente dejando una larga mirada que les deja recuerdos.

También alertarlos de que cada día, las cosas se ponen más difíciles, tanto que algunos de los medios mencionados para viajar de manera ilegal, han pasado a la historia.

Aunque le otorgaran la ciudadanía del país al que llega, a cada inmigrante disperso por el mundo, la situación continuará latente hasta que no se ataque el problema por la raíz, como es la pobreza causada por la desorganización social y política en los países del tercer mundo. Los gobiernos corruptos que existen en muchos de ellos, y la expropiación de los derechos de los ciudadanos.

De no cambiar esa situación, la emigración continuará siendo, el conflicto de los siglos.

La lucha por la búsqueda de soluciones, son mariposas que ondean a mí alrededor. Quisiera espantarlas y descargar la furia de promesas incumplidas; de injusticias legalizadas; con sellos y firmas de sueños recortados y metas atascadas. De viajes arreglados ya sea por un busca vida en un comedero de chivos, o por un oficial de la ley de cuello y corbata, en una oficina con aire acondicionado. Mientras tanto el mar continúa engullendo almas sedientas de una vida digna, quizás empatándose el daño por la contaminación inmisericorde que recibe de los humanos.

Y mientras la humanidad continúa gimiendo y suspirando en medio del valle de lágrimas de la inmundicia de residuos de dictaduras, y enredos de democracias corrompidas. Se seguirán yendo en medio de una barahúnda de esperanzas disminuidas. Porque nacerán y crecerán cercas, vallas, tapias, empalizadas, en un camino largo y sin trillo.